De l'économie financière à l'économie du sens et du soin

Collection « L'esprit économique »

fondée par Sophie Boutillier et Dimitri Uzunidis en 1996
dirigée par Sophie Boutillier, Blandine Laperche, Dimitri Uzunidis

Si l'apparence des choses se confondait avec leur réalité, toute réflexion, toute Science, toute recherche serait superflue. La collection « L'esprit économique » soulève le débat, textes et images à l'appui, sur la face cachée économique des faits sociaux : rapports de pouvoir, de production et d'échange, innovations organisationnelles, technologiques et financières, espaces globaux et microéconomiques de valorisation et de profit, pensées critiques et novatrices sur le monde en mouvement...
Ces ouvrages s'adressent aux étudiants, aux enseignants, aux chercheurs en sciences économiques, politiques, sociales, juridiques et de gestion, ainsi qu'aux experts d'entreprise et d'administration des institutions.

La collection est divisée en six séries :

Dans la série *Economie et Innovation* sont publiés des ouvrages d'économie industrielle, financière et du travail et de sociologie économique qui mettent l'accent sur les transformations économiques et sociales suite à l'introduction de nouvelles techniques et méthodes de production. L'innovation se confond avec la nouveauté marchande et touche le cœur même des rapports sociaux et de leurs représentations institutionnelles.

La série *Economie formelle* a pour objectif de promouvoir l'analyse des faits économiques contemporains en s'appuyant sur les approches critiques de l'économie telle qu'elle est enseignée et normalisée mondialement. Elle comprend des livres qui s'interrogent sur les choix des acteurs économiques dans une perspective macroéconomique, historique et prospective.

Dans la série *Le Monde en Question* sont publiés des ouvrages d'économie politique traitant des problèmes internationaux. Les économies nationales, le développement, les espaces élargis, ainsi que l'étude des ressorts fondamentaux de l'économie mondiale sont les sujets de prédilection dans le choix des publications.

La série *Krisis* a été créée pour faciliter la lecture historique des problèmes économiques et sociaux d'aujourd'hui liés aux métamorphoses de l'organisation industrielle et du travail. Elle comprend la réédition d'ouvrages anciens, de compilations de textes autour des mêmes questions et des ouvrages d'histoire de la pensée et des faits économiques.

La série *Clichés* a été créée pour fixer les impressions du monde économique. Les ouvrages contiennent photos et texte pour faire ressortir les caractéristiques d'une situation donnée. Le premier thème directeur est : mémoire et actualité du travail et de l'industrie ; le second : histoire et impacts économiques et sociaux des innovations.

La série *Cours Principaux* comprend des ouvrages simples, fondamentaux et/ou spécialisés qui s'adressent aux étudiants en licence et en master en économie, sociologie, droit, et gestion. Son principe de base est l'application du vieil adage chinois : « le plus long voyage commence par le premier pas ».

Éric Carrey et Hubert Landier

De l'économie financière à l'économie du sens et du soin

L'Harmattan

5-7, rue de l'École-Polytechnique, 75005 Paris

http://www.editions-harmattan.fr

ISBN : 978-2-336-56013-7
EAN : 9782336560137

Introduction

On s'est servi comme on a pu de la concupiscence pour la faire servir au bien public. Mais ce n'est que feindre [...]. Car au fond, ce n'est que haine[1].

Pascal

Les différentes formes du dérèglement climatique sont aujourd'hui devenues d'une évidence telle que seuls quelques groupes complotistes en dénient la portée ou l'origine. Face aux prévisions particulièrement documentées du GIEC, deux attitudes contradictoires peuvent être observées.

La première consiste à se contenter de faire confiance aux politiques mises en œuvre par les pouvoirs publics, à travers le monde, en vue de ralentir le réchauffement climatique et ses effets. Certes, les efforts en ce sens seraient encore insuffisants ; ils iraient toutefois dans le bon sens et il suffirait, pour qu'elles aboutissent, d'en accélérer d'ampleur. Ces efforts, pourtant, on en connaît la teneur ; il s'agirait de réduire l'émission de gaz à effet de serre et, pour cela, de promouvoir le développement des énergies renouvelables, éolienne ou solaire notamment. À cela s'ajouteraient les efforts visant à mieux utiliser l'énergie ainsi rendue disponible, à mieux gérer les déchets, et notamment les déchets industriels, et à promouvoir les principes d'une

[1] *Pensées*, Br. 451.

« économie circulaire ». Tel est globalement le contenu de ce qu'il est convenu d'appeler le « développement durable » ou, pour employer une expression plus imagée, la « croissance verte ».

Cette première posture, pourtant, est loin de susciter l'unanimité et fait l'objet de vives critiques. Celles-ci peuvent être résumées de la façon suivante. Tout d'abord, cette démarche, à son rythme actuel, peut sembler beaucoup trop lente pour inverser la tendance que représente l'évolution de l'écosphère vers un état qui rendrait difficile la survie de l'humanité. Venant de nombre d'acteurs économiques, elle prendrait la forme d'une démarche en termes de *greenwashing* beaucoup plus que d'une véritable inflexion de leur politique.

La « responsabilité sociétale de l'entreprise » (RSE), quant à elle, se réduirait à un babillage universitaire, à l'exposé de nobles intentions visant à dissimuler le maintien des objectifs financiers constituant en dernière instance la raison d'être de l'entreprise et à des procédures ou à des normes bureaucratiques imposées — à défaut d'être réellement efficaces. Au total, il ne s'agirait plus ou moins que d'un habillage d'objectifs économiques et financiers inchangés, cet habillage visant à les rendre acceptables.

La nécessité d'une action beaucoup plus radicale s'impose ainsi, qui supposerait une modification profonde de nos modes de vie et une révision déchirante des valeurs et des convictions qui nous dictent notre comportement social. Il ne s'agirait pas de s'en prendre aux moyens mis en œuvre afin de maintenir une conception inchangée de la croissance économique, mais d'en contester le principe même en se tournant vers d'autres modes de vie et d'autres façons d'accéder à ce qu'Aristote appelait « la vie bonne ». Ce serait donc une véritable rupture idéologique et philosophique qui s'imposerait par rapport au paradigme économique et technologique qui est celui de la civilisation dominante de l'humanité depuis deux siècles, tel qu'il nous semble aller de soi, et tel qu'il nous a conduits là où nous en sommes.

Un tel esprit de rupture pourrait sembler très marginal, au point qu'il serait très peu probable qu'il en vienne à l'emporter. Ce serait là négliger l'évolution des comportements, telle qu'elle semble d'ores et déjà se dessiner face aux sombres perspectives que nous réserve le réchauffement climatique. Nombre de signaux faibles semblent indiquer, au moins dans un pays comme la France, une tendance en ce sens : défiance à l'égard des politiques centralisées, valorisation de la proximité et de « l'authenticité », etc. Cette évolution des comportements est évidemment fortement corrélée avec le renouvellement des générations. Les jeunes sont non seulement plus sensibles au risque climatique, mais ils sont moins porteurs d'habitudes et d'intérêts difficiles ensuite à surmonter.

Ce qu'ils dénoncent, c'est l'indifférence des gouvernants et l'hypocrisie de certains lobbies. Beaucoup ont cessé de croire dans le progrès, et notamment dans le progrès scientifique, tel qu'il serait mis au service d'intérêts mortifères moyennant une démarche qui relèverait d'abord du « green washing ». Ainsi plaident-ils, non pour un retour à la barbarie, mais pour un mode de vie différent, qui serait plus respectueux de la vie. Leur engagement personnel ne ferait que montrer la voie d'une sobriété qui, de toute façon, leur paraît à la fois souhaitable et inéluctable. Il ne constitue pas un retrait par rapport à la société telle qu'elle est, il se veut entraînant, et ceci par l'exemple qu'ils veulent donner de leur propre engagement.

Ils ne croient plus, en premier lieu, au grand récit de la mondialisation heureuse ; pour les membres de la génération précédente, il s'agissait de maintenir, ou de restaurer un état de prospérité qui, pour eux, va de soi, même s'ils disent en même temps s'efforcer de réduire les effets négatifs qui s'ensuivent pour la planète. De la « mondialisation heureuse », les jeunes voient surtout les dégâts qu'elle provoque et le manque de réactivité de leurs prédécesseurs, englués qu'ils sont dans le mode de vie qui est le leur.

Ils sont les spectateurs impuissants du manque d'efficacité globale des politiques mises en œuvre, même si des efforts locaux aboutissent çà et là à des résultats positifs. Et ils constatent en même temps l'hypocrisie d'un grand nombre parmi les décideurs économiques et politiques. Le discours que tiennent ceux-ci afin d'être rassurants face aux attentes dont ils sont l'objet est largement contradictoire avec leurs initiatives réelles. La multiplication de scandales environnementaux, tels qu'il en est question dans la presse lorsque ceux qui en sont responsables ne parviennent pas à étouffer l'affaire, a pour conséquence de discréditer à leurs yeux le discours politiquement correct sur le développement durable.

Leur réaction ne vise donc pas à faire preuve de pragmatisme ; elle est d'une tout autre nature ; ils refusent de partager les petits arrangements, l'hypocrisie et l'indifférence qu'ils constatent, face à l'urgence de la situation, venant de la génération précédente. Leur révolte est donc une révolte morale ; il s'agit pour eux, au moment où va se décider leur avenir professionnel, de faire un choix, qu'ils ne pourraient peut-être pas faire plus tard, excluant tout compromis avec ce qu'ils rejettent. Bien entendu, il ne s'agit pas pour eux de rejeter les connaissances qu'ils ont pu acquérir ; ce qu'ils veulent, c'est les mettre au service de la cause planétaire, telle qu'elle les anime. Il en résulte que cette démarche a pour effet de ruiner le paradigme thermo-industriel qui constitue le fondement de la mondialisation heureuse. Ce qu'ils pointent, c'est, non pas une régression, mais une bifurcation par rapport au progrès, tel qu'il nous a conduits là où nous en sommes. Ce qui demande à être analysé, ce sont les principes sur lesquels, implicitement, ils s'appuient dans leur démarche.

Les principaux paradigmes sur lesquels se fonde notre civilisation ont été développés ailleurs[2]. On se contentera donc de les rappeler rapidement :

– l'histoire de l'humanité se situe sur la flèche du temps (non dans un temps circulaire) et se trouve orientée dans le sens d'un progrès continu et indéfini ; ce progrès, toutefois, est largement identifié au progrès technique et au progrès économique, les progrès dans le champ des arts, de la culture ou de la spiritualité étant largement négligés,

– l'être humain se situe comme étant extérieur à la réalité matérielle qui forme son milieu de vie ; il s'y considère comme étant d'une nature supérieure et tend à réduire son environnement terrestre à un moyen au service de la réalisation de ses desseins,

– au sein de l'humanité, la civilisation occidentale se considère comme étant supérieure à celles qui l'ont précédée ou qui existent encore à travers le monde et se propose par conséquent d'atteindre une sorte d'universalité.

Ce sont ces principes qu'ils remettent en cause. L'idée même de progrès économique, en tant qu'objectif majeur, se trouve contredite par l'ampleur des dégâts infligés à la planète, ceci au point que l'existence même de l'humanité est aujourd'hui mise en péril. Ces objectifs économiques se trouvent conditionnés par la détérioration des rapports entre l'humanité et son environnement non humain, vivant et non vivant. L'idée d'un « phénomène humain » qui serait extérieur à son biotope et qui pourrait être considéré indépendamment de celui-ci est une idée fausse et dangereuse. La dimension économique doit être

---

[2] Hubert Landier, « Anatomie des catastrophes », *Plastir*, n° 58, 06/2020.

considérée comme n'étant qu'une dimension parmi d'autre de l'agir humain, et rien ne permet d'affirmer définitivement qu'elle serait la plus importante. Le caractère prétendument universel de la civilisation occidentale ne représente en réalité qu'un état récent d'une civilisation parmi d'autres, passées, actuelles ou futures.

C'est ce changement de paradigme qui demande à être examiné. Qu'est-ce qui compte le plus, aujourd'hui : est-ce d'abord de produire des SUV sans cesse plus puissants, ou de protéger la qualité des rapports humains, la santé, la transmission des connaissances, le cadre de vie, les équilibres environnementaux et l'avenir de l'humain ? La grande misère, en France, des hôpitaux, de l'école, de l'université, des forces armées, des tribunaux, plaide ainsi, dans l'urgence, pour un changement de perspective. S'il se produit, ce glissement aboutira à une valorisation de la préservation et du respect :

– le respect de la personne humaine, dans toutes ses dimensions, qu'il s'agisse du genre, de la race, de la culture ou de la religion,

– le respect des liens sociaux, trop souvent compromis par les objectifs économiques auxquels ils sont subordonnés,

– le respect de la planète, dont on sait à quel point les équilibres nécessaires à la vie se trouvent aujourd'hui compromis.

Une telle évolution suppose des outils d'évaluation qui ne peuvent se réduire ni aux indices économiques tels qu'ils permettent de calculer le « taux de croissance » ni aux outils de gestion tels qu'ils permettent de calculer la rentabilité financière de l'entreprise. Comme on le verra plus loin, certains de ces outils existent déjà. Toutefois, quel qu'en soit l'intérêt, il est pourtant permis de se demander s'ils suffiront à accompagner le changement d'une culture de la production à une culture du soin. De tels indicateurs, en effet, restent des indicateurs quantitatifs. Ils se fondent sur une mesure. Or, tout, de ce qui compte dans l'existence humaine, ne peut pas être mesuré. Pour reprendre la formule d'Albert Einstein : « Ce qui compte ne peut pas toujours être compté, et ce qui peut être compté ne compte pas forcément. » Comment mesurer l'émotion que suscite en nous la vue de la Joconde ? Comment mesurer le degré d'harmonie du paysage détruit par la construction d'une éolienne, comment mesurer, au-delà de l'acte médical, le soin et l'attention personnelle apportés à un malade ? Comment mesurer le respect, la sollicitude, accordés à la personne humaine, au vivant, à la planète ? De toute évidence, c'est accorder là de l'importance à ce qui précisément échappe à toute mesure.

Ce respect, cette attention, cette sollicitude peuvent être offerts, peuvent être partagés, mais ne peuvent être échangés. Il s'agit là d'affects qui se manifestent lors d'événements uniques et dont la valeur est unique venant de qui l'accorde et de qui en bénéficie. De tels rapports existent bien évidemment dans les interstices de notre société techno-industrielle. Ils sont peut-être même déterminants pour la survie de l'humanité en tant qu'humanité. Mais ils ne sont pas valorisés dans le grand récit aujourd'hui dominant. Il faut, pour les retrouver valorisés à leur juste valeur, remonter à des états antérieurs de notre civilisation ou nous tourner vers des civilisations échappant encore à son emprise. Seul un regard ainsi déporté peut rompre avec l'enfermement que représentent les cadres mentaux, exprimés de façon quantitative, de notre façon de considérer le monde. C'est pourquoi un pas de côté est nécessaire afin de pouvoir porter un regard capable de rompre avec l'enfermement que représentent les cadres mentaux, exprimés de façon quantitative et reflétant notre façon de considérer le monde. Il nous faut réhabiliter le beau, le bon, le don, et réencastrer le raisonnement économique à sa place particulière dans le tout architectonique duquel il n'aurait jamais dû s'échapper.

Le programme auquel correspond ce livre répond ainsi à la fois à une urgence et à une visée lointaine.

D'abord, l'urgence. L'affaire Orpea a montré à quels dérèglements pouvait aboutir la simple observance d'obligations administratives combinée avec les objectifs de rentabilité maximale inspirant la gouvernance d'une institution. D'où la nécessité de réformer cette gouvernance afin qu'elle prenne en compte le point de vue des différentes parties prenantes, à commencer par l'intérêt des bénéficiaires des services dispensés. Cette gouvernance devrait alors pouvoir fonder son action et l'impact de son action sur des indicateurs qui ne peuvent plus être ceux d'une gestion purement capitalistique. De nombreux travaux ont été publiés en ce sens. Il reste à en dégager des indicateurs suffisamment simples pour servir de normes, au même titre que les indicateurs comptables traditionnels.

Mais il convient d'aller plus loin. Le fait de « prendre soin », et non plus seulement de « produire » un bien ou un service, implique d'aborder certaines dimensions de l'existence qui ne peuvent pas s'exprimer en termes quantitatifs. La question est donc de réhabiliter ces dimensions — esthétique, artistique, affective, spirituelle... — par rapport à la dimension économique et gestionnaire, telle qu'elle est aujourd'hui valorisée par rapport aux autres. Passer d'une culture de la production à une culture du soin appelle ainsi un réarrangement en profondeur des normes qui encadrent, consciemment ou non, notre agir quotidien. Il se peut ainsi que notre civilisation soit aujourd'hui placée dans une zone de bifurcation : soit continuer sur la lancée de ce qui l'a conduite là où se trouve l'humanité et son environnement terrestre, soit se tourner vers un mode de vie et une vision du monde propres à assurer leur survie. Autrement dit, substituer le soin apporté à l'existant à l'activité productive visant à modifier cet existant sans retour possible.

Passer ainsi d'une société de production à une société privilégiant le soin de l'existant implique d'abord une déconstruction des principes sur lesquels se trouve fondée la société thermo-industrielle. Cette critique aura déjà fait l'objet de très nombreux ouvrages et il ne s'agira pas ici d'en reprendre le contenu. On se centrera donc d'abord sur deux points de vigilance :

– d'une part, certaines pratiques, telles qu'elles se font sentir en deçà des discours destinés à en justifier la dimension supposée vertueuse ; et tout d'abord, la conception particulière de la valeur sur laquelle se fondent ces pratiques. Ces deux points feront l'objet de la première partie de cet ouvrage.

D'autre part, au-delà de cette analyse critique, les principes et les pratiques à promouvoir, telles qu'elles se trouvent exprimées à travers la notion de « care ». Soin de la planète, soin du vivant, humain et non humain, soin des communautés humaines et soin des personnes : le domaine du care était trop étendu pour être examiné d'une façon exhaustive ; la seconde partie de cet ouvrage se limitera donc à un aperçu visant à illustrer le bien-fondé de l'économie sociale et solidaire et le principe de l'entrepreneuriat social.

Un dernier point : les auteurs souhaitent avant tout que ce livre soit porteur d'espoir. S'ils sont amenés à faire référence à des éléments qui peuvent générer de l'anxiété, c'est pour mieux mettre en valeur la façon dont l'économie du soin et du sens est porteuse de solutions face à l'ensemble des problèmes inquiétants auxquels se trouve confrontée notre société.

PREMIÈRE PARTIE.

VERS LA FIN DE L'ANCIEN MONDE

Que pensait le patricien romain après le sac de Rome par Alarik ? L'Empire représentait à l'époque le monde civilisé. D'abord sous la République, puis sous le règne de César, il avait conquis le pourtour de la Méditerranée et lancé des percées vers le nord de l'Europe et vers l'est. Il intégrait les traditions culturelles et religieuses les plus diverses sous une loi commune. Nombreuses étaient les Césarées qui se construisaient, avec leur théâtre, leur amphithéâtre, leurs thermes, leurs arcs de triomphe et leurs temples. Certes, l'Empire traversait des difficultés. Révoltes périphériques. Difficultés croissantes à payer les légions, de plus en plus composées de mercenaires barbares. Crises de succession au trône impérial. Désertification des campagnes céréalières.

Puis était venue cette mise à sac de Rome par les Vandales. Il y avait deux manières de la considérer. Soit comme un « accident », grave, symbolique, dont il faudrait étudier de près les tenants et les aboutissants, après quoi tout pourrait recommencer comme avant, moyennant sans doute quelques mesures. C'est d'ailleurs ce que pensaient sans doute la très grande majorité des patriciens, faute sans doute de pouvoir imaginer autre chose. Ou bien, le commencement d'autre chose.

Mais alors quoi ? La fin de l'Empire ? Autant dire la fin du monde. Et dans ce cas, que faire, que faire personnellement, et que faire collectivement ?

L'histoire s'est chargée de répondre au patricien angoissé par l'avenir. Cependant, mettons-nous à sa place. Il ne s'agissait pas seulement de difficultés matérielles pour maintenir les choses comme elles devaient l'être selon l'ordre existant, c'est la conception du monde qui était la sienne qui, ainsi, s'écroulait. Un monde centralisé, unifié autour de principes communs, malgré la diversité ainsi rassemblée. Une totalité qui se fragmentait en autant d'incertitudes, bouleversant ses croyances, la tranquillité d'esprit qu'elles lui assuraient, l'ordre politique et social qu'elles justifiaient, menaçant son existence matérielle, le laissant là sans savoir quoi faire.

La fin de l'Empire romain est assez bien documentée. Mais ce n'est pas le seul exemple de la fin d'un monde. Certains auront su rebondir, d'autres non et se sont irrémédiablement perdus. Tel est probablement la situation dans laquelle se trouve aujourd'hui l'humanité, ou tout au moins celle de ses composantes qui aura cherché à imposer à la terre entière les croyances qui étaient les siennes et ceci sans même s'aviser de ce que l'humain pouvait légitimement se référer à d'autres systèmes de valeurs et de certitudes que celles qui animent l'homme occidental depuis un peu plus de quatre siècles[3]. Et donc celui-ci se trouve dans une situation comparable à celle du patricien romain du début du Ve siècle. S'agit-il de préserver ce qui pour lui représente l'essentiel ou de se tourner dès à présent vers un autre futur possible ?

Le mot a été lâché un peu plus haut : qu'est-ce qui doit être reconnu comme ayant de la valeur ? La valeur économique, qui

---

[3] Cf. Maurice Godelier, *Quand l'Occident s'empare du monde (XVe-XIXe siècles)*, CNRS Éditions, 2023.

constitue aujourd'hui la forme dominante de la valeur, est-elle la seule qui importe, celle qui mérite de s'imposer à toutes les autres ? Il s'agit là d'un premier thème qu'il va nous falloir explorer. Supposons maintenant que ce questionnement nous conduise à la certitude qu'il nous faudra bouleverser l'ordre de ce qui pour nous importe ou nous importe moins, que ce soit personnellement ou collectivement, à travers le mode de vie et les institutions qui encadrent notre existence. Comment expliquer alors le comportement de tous ceux qui continuent à se comporter comme si nos comportements, individuels et collectifs, n'étaient pas ceux qui nous assurent d'aller à l'abîme ? Et que proposer, au-delà de la critique, voire de la condamnation, qui puisse tenir lieu de système de valeur de substitution ?

I.

Que faut-il entendre par « valeur » ?

Le mot « valeur » est un vocable fortement polysémique. Il est difficile de trouver à ce qu'il désigne une définition qui vaudrait pour tout le monde. Ce qui a de la valeur pour l'un n'en a pas pour l'autre. Ce qui a de la valeur dans des circonstances données n'en a pas dans des circonstances différentes. Ce qui a de la valeur selon les critères d'une certaine discipline n'a pas la même pour une autre. Et ainsi de suite. On acceptera ainsi sans aller plus loin la définition qu'en propose Wikipédia : « Le terme valeurs peut faire référence à des attributs et des perceptions qu'une personne partage avec des membres de son groupe social ou culturel ; ces valeurs sont dites parfaites et rendent désirables ainsi qu'estimables les êtres ou les comportements auxquels elles sont attribuées. »

On aura noté le pluriel. C'est qu'il y a plusieurs formes de valeur. Retenons donc une chose : la valeur n'a pas d'existence en soi ; elle n'est pas non plus une propriété définitive de quoi que ce soit. Elle s'ensuit d'un regard particulier sur la chose considérée. Ce regard ne sera pas le même selon qu'il s'agit de celui d'un peintre, d'un pianiste, d'un écrivain, d'un physicien, d'un assureur, d'un pharmacien, d'un poète, d'un propriétaire, d'un mathématicien, d'un brocanteur ou d'un spéculateur à la bourse. Mais il faut aller plus loin, car ces différentes spécialités sont propres à notre civilisation, à notre culture. Et il s'ensuit par conséquent que, d'une civilisation à une autre, on n'accordera pas la même valeur aux mêmes choses. Un Inuit accordera une valeur particulière à différents états de la neige qui n'ont aucune importance aux yeux de l'aborigène australien, qui d'ailleurs n'a probablement aucune idée de ce qu'est la neige.

Et d'ailleurs, s'agit-il des mêmes choses ? Voilà un point qui est digne d'être discuté. Si je me rends sur la banquise avec un Inuit, il verra des choses que je ne verrai pas parce qu'elles n'ont aucune existence pour moi. L'axiologie, la science de ce qui a de la valeur, doit donc insister sur la diversité des modes d'appréhension de ce qui constitue son objet. Précisons ici que, dans ce qui suit, on s'intéressera uniquement à cette forme particulière de la valeur que constitue la valeur économique pour le citoyen d'un pays qualifié de « développé », autrement dit, « économiquement développé ». Ceci doit être souligné parce qu'il faut se garder de toute forme de réductionnisme. Celui-ci, en effet, menace vite. Nous avons tous (et toutes) tendance à considérer que la valeur se définit comme étant ce à quoi nous donnons nous-mêmes de la valeur. Or, il s'agit là d'une double erreur. Une erreur, d'abord, parce qu'elle tend à présenter comme universel ce qui n'est en réalité qu'un point de vue particulier, fût-il largement partagé. On y reviendra. Une erreur ensuite parce qu'elle tend à considérer la valeur comme une propriété de la chose, indépendamment du regard qu'on lui porte. C'est ce qui s'appelle le « substantialisme » et il a été suffisamment dénoncé par Gaston Bachelard dans *La formation de l'esprit scientifique*[4] pour qu'il soit inutile d'insister — sinon

---

[4] Gaston Bachelard, *La Formation de l'esprit scientifique*, Paris, 5e édition, Librairie philosophique J. Vrin, 1967.

peut-être pour souligner qu'il s'agit là d'un travers plus particulier à la pensée occidentale.

Il convient aussi de préciser qu'il fut un temps où la valeur ne s'appliquait pas aux choses, mais aux personnes. On disait de quelqu'un qu'il était « valeureux ». Cette valeur ne s'appliquait pas seulement au courage, mais, depuis Aristote, à la place occupée dans la société, et donc à la hiérarchie sociale. Le juste prix de Thomas d'Aquin était celui qui permettait à l'artisan de vivre conformément à sa condition, ni plus ni moins. De même, sur la place du marché, l'indigent, par le marchandage, pouvait espérer acheter moins cher que le riche ce qui lui était nécessaire. Le marchandage, le juste prix, constituaient donc des instruments de régulation sociale. La logique économique était « encastrée » dans une logique sociale. C'est le contraire qui est advenu dès lors que la valeur a été attribuée aux objets et non plus aux personnes. Le prix, désormais, se forme à partir de composantes extérieures à la réalité sociale : coût, rareté, quantité de travail nécessaire, utilité, et ceci indépendamment de l'identité sociale du producteur, du vendeur et de l'acheteur.

Et donc, l'on s'en tiendra pour le moment à ce que les économistes entendent par « valeur », telle qu'elle s'applique désormais aux choses. C'est là un point de vue particulier, ne serait-ce que parce que la pensée économique, c'est-à-dire « ce que disent les économistes », n'a guère plus de deux siècles d'ancienneté. Il faut vraiment tordre les textes anciens pour y trouver quelque chose qui pourrait s'y apparenter, en plus sommaire bien entendu, c'est-à-dire en moins parfait que ce que nous avons nous-mêmes à en dire selon nos propres critères d'appréciation. Mais cette précision ayant été formulée, voici pourtant que la « valeur économique » éclate elle-même en autant d'éclats particuliers qu'il y a de points de vue à se confronter dans l'espace sémantique ainsi défini. Le trader de

Wall Street, l'ouvrier de Billancourt, le ministre des Finances en son château à pilotis sur la Seine et l'épicier du coin n'ont pas la même perception de ce qu'il faut entendre par « valeur ». Et donc il va falloir se placer, pour analyser la chose, de chacun de ces points de vue, et d'autres encore, et des plus importants.

1. Les différentes formes de la valeur économique

Dans cette perspective, la création de valeur, s'agissant de l'entreprise, peut donc être envisagée de différents points de vue :

– le point de vue des investisseurs, qui attendent une rentabilité de leur mise de fonds, selon les cas immédiate ou sur une plus longue période de temps,

– le point de vue des parties constitutives de l'entreprise que constituent les investisseurs d'une part, les salariés d'autre part,

– le point de vue des parties concernées par son activité que sont, au-delà des parties constitutives, les clients, les fournisseurs et les collectivités humaines au sein desquelles opère l'entreprise.

Ici se pose le problème de la répartition de la valeur créée entre les uns et les autres : entre investisseurs et salariés d'une part, entre l'entreprise, ses clients, ses fournisseurs et les collectivités publiques d'autre part. Ce problème, qui relève de la justice distributive et qui alimente en permanence le débat politique et social, n'est pas nouveau. Il se trouve déjà formulé par Aristote. Saint Thomas d'Aquin, au XIIIe siècle, n'a pas beaucoup progressé par rapport au Stagirite. La valeur économique renvoie ainsi à une autre dimension de la valeur, qui ne sera pas la même, observent-ils l'un et l'autre, selon ce que l'on juge important ou moins important selon les critères admis dans un contexte civilisationnel donné. Or, c'est là un problème qui est toujours d'actualité.

Dans son *Idée de justice*[5], Amartya Sen présente ainsi le problème : trois enfants, raconte-t-il afin de s'expliquer, se disputent la possession d'une flûte que l'un d'entre eux vient tout juste de fabriquer. « Elle doit me revenir », expose celui-ci, car je l'ai taillée au prix de durs efforts ! » « Non pas, dit le second, je suis le seul qui sache en jouer, il serait donc logique qu'elle me revienne ! » Ce que récuse le troisième : « Vous êtes des égoïstes parce que vous avez, tous deux, quantité de jouets chez vous alors que je suis pauvre et que je n'en ai pas ! » La question est, bien sûr, de savoir à qui elle doit revenir. Sans doute n'y a-t-il aucune réponse définitive à cette question : quiconque se fonde sur la valeur du travail, quiconque se fonde sur le principe d'utilité de l'objet lui-même pour celui qui s'en sert ou, pour le troisième, sur un principe de justice distributive, ne proposera pas la même réponse. La valeur présente donc un caractère très relatif, relatif à la rareté de l'objet, à la quantité de travail qu'il a nécessité ou à l'utilité qu'on lui trouve, mais relatif aussi à l'axiologie qui globalement anime la communauté humaine dans son entier.

La valeur que nous attribuons aux choses est donc liée à une certaine vision du monde, à ce qu'elle nous désigne comme « objets » dans l'impensé du monde et à l'importance respective qu'elle attribue à ces différents objets. Le pétrole (« l'huile de terre ») ne présentait guère d'intérêt avant la découverte du moteur à explosion. Les différentes qualités de la neige forment autant d'objets distincts pour l'Inuit, mais sont à peu près indiscernables en tant que telles pour le citadin contemporain. Ces différentes qualités possibles de la neige demeurent en dehors de son champ de conscience. Elles ne l'intéressent pas. Il n'y voit aucune valeur. La valeur, pour lui, se trouve ailleurs, et dans un

[5] Amartya Sen, *L'idée de justice*, tr. fr. Flammarion, 2010.

ailleurs qui échappe probablement à l'Inuit que n'a pas encore influencé la culture mondialiste.

L'idée de valeur est donc liée au mode de vie de la collectivité humaine. Elle est liée également aux relations existantes au sein de la collectivité humaine elle-même. Une société égalitaire ne repose pas sur les mêmes valeurs qu'une société aristocratique, observe déjà Aristote. Et la force physique y aura plus ou moins de valeur selon l'état des techniques. Qu'est-ce qui importe le plus ? Savoir discerner l'évolution probable des cours de Bourse ou savoir allumer un feu en plein vent (et sans allumettes) ? Question de circonstances. Mais on pourra noter dès maintenant que la définition de la valeur, même limitée à la valeur économique, renvoie à une question éthique et, finalement, à l'image que le groupe humain se donne de lui-même et de ce qu'il doit être pour rester conforme à cette image fondatrice.

Et donc, la valeur au sens éthique est difficile à apprécier par des chiffres. Elle se présente comme une qualité, non comme une quantité. La valeur économique, elle, peut s'énoncer en termes de quantité de cet équivalent universel qu'est la monnaie. On n'entrera pas ici dans le débat, qui a beaucoup occupé les économistes, de la relation entre la valeur et le prix. Le prix de marché servira donc d'indicateur de la valeur de la chose échangée contre quelques pièces de monnaie. Différentes valeurs pourront être agrégées en un indicateur unique : le produit intérieur brut (PIB) sera ainsi supposé mesurer la valeur créée à l'intérieur de l'espace national et son évolution d'une année sur l'autre. C'est là ce que l'on appellera la croissance économique et celle-ci a longtemps servi d'indicateur unique de l'état de « développement » de tel ou tel pays. Cependant, le PIB intègre certaines formes de création de valeur qui ne font pas l'objet d'un échange sur le marché et qui cependant importent au bien-être des citoyens.

Il faudra donc leur attribuer une valeur arbitraire. Cette valeur arbitraire sera fondée sur leur coût de production. Quelle valeur attribuer à l'éducation dispensée par le système scolaire mis par l'État à disposition de la collectivité nationale ? Réponse : par le coût qu'il représente pour le budget de l'État. Ainsi arrive-t-on au paradoxe suivant : plus le coût serait élevé, plus grande la valeur du produit représenté par les services éducatifs. Or, cette appréciation de la valeur des services rendus par les administrations, qu'il s'agisse de l'éducation nationale, de la police, de l'armée ou des tribunaux, a progressé au point de représenter aujourd'hui plus de la moitié du PIB d'un pays tel que la France. On ne discutera pas ici des biais statistiques qui entachent une telle évaluation de la création de valeur au plan national, et notamment la variation dans le temps des prix à la consommation. Simplement observera-t-on qu'elle renvoie largement à un système de conventions : conventions statistiques, conventions économiques, et finalement conventions relatives à notre façon de nous représenter collectivement la réalité. Or, cette représentation collective ne saurait être considérée comme étant objective, définitive, porteuse d'une vocation universelle. Elle est contingente, relative et porteuse des présupposés, souvent non dits, qui sont propres à notre civilisation thermo-industrielle.

La valeur accordée par un individu à tel objet particulier renvoie ainsi à ce qui est considéré comme ayant de la valeur ou non dans le cadre de la civilisation où se tient cet individu. Ce cadre semble aller de soi ; il n'est pas perçu en tant que tel ; tout juste certains se rendront-ils compte, que ce soit par les voyages ou par la lecture, que d'autres êtres humains, ailleurs dans l'espace ou dans le temps, avaient ou ont encore une façon différente d'apprécier ce qui a de la valeur ou non. Alors, ils y verront le plus souvent une étrangeté par rapport à ce qui, pour eux, va de soi. Ce cadre dans lequel chacun de nous se situe spontanément, toutefois, ne cesse d'évoluer sous la pression des circonstances. Cela signifie que ce qui semble avoir de la valeur aujourd'hui en aura peut-être moins demain, ou l'inverse. On y reviendra. En attendant, on retiendra que l'attribution de la valeur à un objet résulte non seulement d'une appréciation individuelle, mais également d'une appréciation collective, que celle-ci nous échappe en grande partie, mais qu'elle est souvent changeante, quoiqu'insensiblement, comme ceci vaut de tout processus collectif.

Le processus de création et de répartition de la valeur au sens économique du terme se trouve donc enchâssé dans un système de valeurs plus vaste, qui constitue le propre de toute société en tant que société, ce système de valeurs étant susceptible d'évoluer, lentement ou parfois rapidement. Ceci aura probablement été le cas de ces dernières années. L'impact de la Covid-19, associé au dérèglement climatique, aura mis en lumière la faible pondération accordée à certaines formes de la création de valeur brutalement impactées par les circonstances :

– la valeur correspondant à la santé, au bien-être et au sentiment de bonheur de l'être humain, tel que celui-ci est impacté par le processus de création de valeur économique, qu'il y participe directement ou non,

– la valeur correspondant à la qualité des liens sociaux, tels qu'ils peuvent être impactés, souvent négativement, par le procès de création de valeur économique,

– les destructions opérées sur l'environnement, qu'il s'agisse du prélèvement de ressources non renouvelables (énergie ou matériaux nécessaires à la production d'artefacts), de la destruction des équilibres terrestres (climat, diversité biologique) ou de la dégradation des biotopes et des paysages.

2. Création de valeur et destruction de valeur

Cette faible pondération coïncide largement avec le fonctionnement de nos grands systèmes institutionnels, tels qu'ils sont hérités de la période précédente, suivant avec peine et retard les réalités humaines qu'ils sont chargés d'ordonner.

La production d'artefacts toujours plus perfectionnés, sur un marché plus ou moins concurrentiel, mais toujours plus large, conformément au principe selon lequel la perfection humaine se mesure selon le degré d'abondance auquel parvient une société, exige une population à la fois consentante et qui soit en bonne santé afin d'être apte à travailler ; dans cette optique, les frais de santé peuvent être considérés comme un coût ; et ce coût, en bonne logique économique, demande à être réduit autant que possible par un effort permanent d'efficience ; les méthodes visant à accroître l'efficience dans cette production d'artefacts seront donc transposées au fonctionnement des institutions de santé[6] ; et les résultats obtenus feront l'objet d'une appréciation par le moyen des indicateurs économiques existants ; ainsi le voit-on dans l'encadrement institutionnel imposé aux établissements de soins, et notamment au secteur hospitalier ; il est difficile de ne pas voir dans le « paiement à l'acte » une forme de réductionnisme économique imaginée non par des soignants, mais par des cadres administratifs inspirés de principes empruntés aux économistes.

Le changement des formes de production implique souvent un arbitrage entre ce qui sera considéré comme relevant du progrès économique et ce qui sera considéré comme relevant de la sphère sociale. Et cet arbitrage a le plus souvent lieu en fonction des objectifs économiques imposés. Fermer une usine devenue non rentable — ou insuffisamment rentable — dans un bassin

[6] Cf. Roland Gori, *La fabrique des imposteurs*, Babel, 2015.

d'emploi déprimé, c'est mettre en œuvre une décision économiquement justifiée pour l'investisseur amené à en décider, mais qui laisse de côté l'impact négatif pour les salariés et les collectivités humaines concernées. Obliger des salariés à faire preuve de « mobilité » et à suivre l'entreprise qui les emploie là où elle se propose de les affecter, c'est négliger les conséquences qui s'ensuivent pour eux en termes de vie familiale et sociale. Quant aux dispositions légales que les entreprises, ce faisant, devront respecter afin de réduire l'impact social négatif de leur décision, elles seront considérées comme autant de contraintes dont elles se seraient bien passées, nonobstant le désir réel, venant de certains dirigeants, de réduire au maximum les effets négatifs de ce que la logique économique les oblige à faire.

De même en va-t-il des effets de l'activité productive sur l'environnement. Depuis les débuts de la révolution industrielle, les activités de production se sont développées sans considération aucune pour leurs effets sur l'environnement, et ceci malgré les alertes formulées par nombre de personnalités scientifiques et politiques de l'époque[7]. De même les conclusions du rapport du club de Rome (rapport Meadows) sur les limites de la croissance, publié en 1972, ont-elles été soit passées sous silence, soit vigoureusement contestées par les industriels, qui y voyaient une option à la fois malthusienne et pessimiste ne tenant pas compte des possibilités offertes par le progrès technique. On y reviendra. Ce qu'il importe pour le moment de retenir, c'est que le raisonnement économique ne tient pas compte des effets négatifs sur la planète de la création de valeur enregistrée comme telle par les indicateurs économiques. L'environnement planétaire, autrement dit, se trouve en dehors du champ que se donne le discours économique.

---

[7] Audier Serge, *La société écologique et ses ennemis*, Éditions La Découverte, 2017.

On notera qu'il s'agit là d'une conséquence du dualisme philosophique auquel conduit la pensée occidentale, depuis Platon, Paul de Tarse et Augustin, cela jusqu'à Descartes. L'homme, pour l'essentiel de lui-même, se considère comme extérieur à la réalité terrestre. Cet essentiel se situe hors de la caverne, non dans la caverne elle-même. L'âme se situe en dehors du corps, le corps n'en étant que le support transitoire. Et donc, l'espace terrestre, avec tout ce qu'il contient, peut être considéré comme étant au service exclusif de l'homme. Sans développer ici la nature du dualisme et les conséquences auxquelles il conduit, on se contentera de citer le passage des Actes des Apôtres exposant le songe de saint Pierre : « Pendant qu'on faisait les préparatifs, il lui vint une extase : il voit le ciel ouvert et un objet qui descendait comme une grande nappe soutenue par les quatre coins et qui s'abaissait vers la terre ; il y avait dedans tous les quadrupèdes et reptiles de la terre et les oiseaux du ciel. Et une voix lui advint : "Debout ! Pierre, tue et mange[8] !" »

La création de valeur économique est donc considérée indépendamment des conséquences qui en résultent pour l'espace terrestre. Celles-ci, pourtant, ne peuvent plus être niées, compte tenu de l'ampleur des dérèglements climatiques dont font état les rapports successifs, toujours plus pessimistes, du GIEC. Et il est aujourd'hui difficile de nier leur origine humaine. La dégradation accélérée et à grande échelle de l'espace terrestre peut donc être considérée comme une destruction de valeur, pour nous-mêmes et pour les générations futures. Cette destruction de valeur, pourtant, n'est pas prise en compte dans l'agrégat comptable que représente la production intérieure brute, dans le calcul de laquelle elle devrait être soustraite de la valeur produite, non plus que dans les comptes de chaque

---

[8] Actes des Apôtres, 10, 10-16. Cité par Roland Barthes, *Cours au collège de France (1977-1978)*, Le Seuil, 2002.

entreprise prise en particulier. Autrement dit, l'état des « communs » ne compte pas. Ce qui compte, c'est la valeur attribuée aux biens et services échangés sur le marché ou proposés par les administrations.

L'ampleur de ces conséquences, toutefois, commence à être perçue et le sera probablement de plus en plus. Or, il convient de noter ici que la destruction de valeur infligée à la nature, si elle était prise en compte, apparaîtrait comme étant nécessairement supérieure à la création de valeur résultant de la production des artefacts qui composent le PIB tel qu'il est calculé. Pour le dire autrement, la création de valeur économique est toujours inférieure à la destruction de valeur qui en résulte dans son environnement, et ceci par l'effet de la deuxième loi de la thermodynamique[9]. Pour employer le vocabulaire de l'analyse systémique, la néguentropie correspondant au fonctionnement d'un système limité est indissociable d'une entropie plus que proportionnelle au sein de l'environnement avec lequel il est en interrelation et sans prélèvements sur lequel il ne pourrait exister. La production créatrice de valeur est nécessairement productrice d'une déperdition d'énergie qui prend la forme de chaleur. La fameuse « destruction créatrice » de Schumpeter se révèle ainsi une « création destructrice ». Plus nous produisons de valeur, plus nous en détruisons, et ceci d'une façon plus que proportionnelle. La logique des Shadocks n'est pas loin : pomper, pomper de plus en plus, cependant que, ce faisant, de plus en plus se vide le réservoir.

Cela, l'homme de la civilisation thermo-industrielle, il y a peu encore, ne le voyait pas. Il s'agissait là d'une réalité qui se trouvait en dehors de son champ de vision. La planète était un espace où l'on pouvait prélever et rejeter sans compter. Les dégâts qui en

---

[9] Nicholas Georgescu-Roegen, *La décroissance*, tr. fr. Le sang de la terre, 2020.

résultent sont aujourd'hui suffisamment visibles et inquiétants pour qu'il s'en soit aperçu. Mais ce n'est pas pour autant que cette tardive prise de conscience aura débouché sur un changement significatif de comportement, que ce soit au niveau individuel ou au niveau collectif. S'y opposent les viscosités liées à nos modes de vie et au fonctionnement des grandes institutions. Il est toujours difficile de modifier nos habitudes ou de renoncer à certaines formes de bien-être. Les représentants des pouvoirs publics, fussent-ils convaincus de l'action à mener, sont beaucoup trop occupés par le souci du court terme pour donner la priorité à un tel changement de cap. Mais il y a plus : ce qui est en cause, c'est la façon dont l'homme se pense, la façon dont il pense le monde et la façon enfin dont il pense ses relations avec le monde. Or, une prise de distance par rapport à cette vision du monde nécessite une déconstruction des cadres qui structuraient notre pensée et qui nous paraissaient aller de soi.

3. De la production de valeur à la préservation de l'existant

Sans doute la valeur que nous attribuons aux artefacts que nous produisons ne peut-elle à l'avenir que se déplacer vers autre chose. La valeur économique s'applique à des réalités matérielles. Mais il n'y a pas de réalités que matérielles. La vie, la vie en soi, est une valeur. Et aussi l'amitié, l'amour, la beauté (envisagée indépendamment de sa valeur marchande). À la limite, toutes les dimensions de l'existence humaine sont porteuses de valeur — au point qu'il faut se demander comment on en est venu à rétrécir au seul champ de ce qui se produit et se vend cette qualité universelle que représente la valeur. D'où la nécessité de se tourner vers d'autres champs de l'existence humaine : qualité de la vie en société, qualité des rapports humains, qualité de l'état de santé, qualité de l'environnement culturel et artistique, harmonie des rapports entre l'homme et son environnement, vivant et non vivant. La liste de ces différents champs où il est possible de parler de valeur n'est pas exhaustive.

Figurent ainsi parmi elles les valeurs de nature morale, ou plus précisément éthique, celles qui donnent sa saveur à la vie en société. On y trouvera ce que les anciens appelaient les « vertus », et aussi ce que nous appelons aujourd'hui la qualité des liens sociaux et interpersonnels, auxquels il conviendrait sans doute d'ajouter l'art (envisagé autrement que sous son aspect marchand), la culture et la spiritualité. Là encore, la création de valeur économique peut intervenir en provoquant en contrepartie une destruction de ces valeurs humaines, la production d'artefacts étant obtenue au prix d'une régression dans la mise en œuvre de valeurs éthiques, d'une destruction de la beauté des paysages et du sentiment esthétique, ou en étant accompagnée d'une régression du sentiment de bien-être des personnes ou de l'intensité de leur vie spirituelle.

Au total, il est permis de formuler l'hypothèse suivante : il y a de bonnes raisons de penser que la création de valeur liée à la production d'artefacts matériels se déplacera de plus en plus vers la création de valeur liée au soin apporté aux personnes, à la qualité des liens sociaux et à la préservation de notre environnement planétaire. C'est ainsi que les entreprises, tout en ayant pour finalité la production de valeur résultant de la fabrication et du commerce de produits ou de services, se trouvent de plus en plus conduites à prendre soin des conditions de travail qu'elles imposent aux salariés qu'elles emploient et à leur bien-être, des conséquences de leur activité sur les collectivités humaines parmi lesquelles s'exerce leur activité et des répercussions de celle-ci sur les équilibres environnementaux. Qu'elles y soient contraintes par les règles qui leur sont imposées, qu'elles cherchent à s'y dérober ou que ce soit dans le but d'améliorer leur efficacité conformément à une vue très globale de la création de valeur, il s'agit là d'une indication révélant une tendance qui pourrait bien s'accentuer dans les années à venir.

Une telle tendance, néanmoins, tend à éloigner les processus de création de valeur de leur définition économique classique. Il s'agit en effet d'intégrer une dimension qui échappe à celle-ci. Par exemple, pour prendre le cas des EHPAD, il ne s'agit plus seulement de fournir des prestations de séjour et de calculer leur coût, mais de prendre également en compte le soin apporté à la qualité du séjour lui-même en termes d'humanité et d'attention apportée à la personne indépendamment des conditions matérielles qui lui sont proposées.

Cette attention, cette humanité, en effet, ne peuvent pas faire l'objet d'une évaluation selon les termes qui permettent d'établir un prix de revient dans le cadre des normes comptables actuelles. La bonne gestion ne doit plus viser seulement, à prestation égale, à en réduire le coût, mais, au-delà, à se préoccuper de ce que cette prestation soit assurée avec un maximum d'humanité. Or, il y a lieu de penser que la visée de cet objectif suppose la prise en considération d'indicateurs qui ne soient plus seulement ceux que propose la boîte à outils qui domine actuellement la pratique économique et managériale. Il s'agit en effet de prendre désormais en compte des indicateurs qui sont de nature qualitative. Par exemple :

– la gestion des EHPAD devrait prendre en compte l'attention apportée à chaque résident indépendamment de la satisfaction des besoins de base qui lui sont assurés moyennant un certain cahier des charges,

– le développement des activités économiques devrait être envisagé en prenant en compte leur incidence en termes d'agrément de la vie et de qualité des rapports sociaux dans les communautés où elles ont à s'insérer,

– l'intérêt de la production d'énergie par le recours à la construction d'éoliennes devrait prendre en compte la contrepartie négative que représente la destruction qui en résulte pour l'harmonie des paysages.

Ce ne sont là que des exemples. Ils illustrent la difficulté d'une prise en compte de tels critères extra-financiers, ou extra-économiques, compte tenu de leur caractère largement qualitatif. Ils ne peuvent en effet trouver à s'exprimer dans le cadre contraint des critères quantitatifs qui sont ceux qui déterminent la « valeur » économique.

Plusieurs démarches peuvent cependant y prétendre.

a) Le développement des indicateurs de développement humain et environnemental

La croissance économique est supposée rendre compte, sur une base annuelle, de l'accroissement de valeur créée au sein de la communauté nationale. Ce calcul est effectué sur la base des remarquables travaux qui ont été engagés dans l'après-guerre avec, notamment, l'économiste américain Simon Kuznets, et, en France, avec Claude Gruson, qui ont débouché sur un système cohérent de comptabilité nationale. Cette comptabilité économique, toutefois, tend à identifier le niveau de prospérité matérielle mesuré par le PIB avec un surcroît de bien-être général. Or, comme le soulignait déjà Bertrand de Jouvenel il y a une cinquantaine d'années[10], il s'agit là d'une pure illusion. La comptabilité nationale, en effet, ne prend pas en compte les biens et les aménités mis à disposition du public à titre gratuit. Un paysage sublime, un climat idéal, une nature généreuse, ne comptent pour rien dans la comptabilité nationale, non plus que leur destruction du fait des activités humaines. Autrement dit, le fait de construire des usines ou des centres commerciaux ayant

[10] Bertrand de Jouvenel, *Acadie, essai sur le mieux vivre*, Futuribles, 1969.

pour effet de dénaturer les paysages et de provoquer un rejet sans précaution des déchets résultant de leur activité ne sera comptabilisé qu'à travers la valeur ajoutée ainsi produite, les dommages créés à l'environnement, à la qualité de vie des habitants ainsi qu'à leur santé n'étant pas pris en compte, ou alors de façon très secondaire.

Cette limite a conduit certains économistes à considérer que la mesure du taux de croissance présentait dans ces conditions un caractère trompeur et qu'il ne pouvait s'identifier, en soi, à une amélioration de la condition humaine. La croissance, autrement dit, ne mesure que l'augmentation de certaines formes de valeur, mais non pas de toutes celles qui mériteraient d'être prises en compte comme autant de conditions qui comptent pour l'existence humaine. Autrement dit, la croissance économique ne s'identifie pas au progrès social.

L'un des premiers à le souligner fut sans doute Jacques Delors, avec l'énumération qu'il devait proposer, dans le cadre d'un séminaire à l'ENA, des indicateurs susceptibles de mesurer les différents aspects du mieux vivre[11]. Ces indicateurs, ce sont les suivants :

– l'espérance de vie,
– la protection de la santé,
– l'évolution de la famille,
– la participation de la femme à la vie économique et sociale,
– la place faite aux personnes âgées,
– le comportement à l'égard des marginaux,
– l'évolution de l'emploi,
– le rôle de l'éducation,
– le développement culturel,
– l'adaptation au changement,
– la mobilité sociale,

[11] Jacques Delors, *Les indicateurs sociaux*, Futuribles, 1971.

– l'ouverture de la société au monde extérieur,
– l'utilisation des ressources nationales,
– l'utilisation du revenu,
– l'évolution des patrimoines,
– la part de prévoyance,
– le développement de la solidarité,
– l'habitat,
– l'organisation de l'espace rural,
– le développement urbain,
– l'utilisation du temps.

On remarquera qu'il s'agit là de réflexions qui remontent à pas moins d'une cinquantaine d'années. Plus récemment, on peut citer l'Indice de développement humain (IDH) conçu en 1990 par Amartya Sen dans le cadre du programme des Nations unies pour le développement (PNUD), qui prend en compte, pour comparer l'état des différents pays les uns par rapport aux autres, non seulement le PIB par habitant, mais également l'efficience respective des systèmes de santé et du système scolaire. De même, en 2011, l'OCDE rendait public un premier rapport, intitulé *Comment va la vie ? Mesurer le bien-être*, fondé sur 11 critères :

– revenu et patrimoine,
– emploi et salaires,
– conditions de logement,
– état de santé,
– équilibre vie professionnelle – vie privée,
– éducation et compétences,
– liens sociaux,
– engagement civique et gouvernance,
– qualité de l'environnement,
– sécurité des personnes,
– bien-être subjectif.

Quelques années plus tard, la « Commission Stiglitz », créée à l'initiative du gouvernement français avec le concours d'Amartya Sen, de Jean-Paul Fitoussi et de Joseph Stiglitz lui-même, se proposait de soumettre l'évaluation du progrès économique et social à la prise en considération de toute une série de conditions, parmi lesquelles celles-ci :

– ne pas se limiter aux activités marchandes, mais prendre en compte les activités non rémunérées dans l'évaluation du niveau de vie,

– affiner les indicateurs chiffrés relatifs à la santé, à l'éducation et aux activités personnelles,

– analyser en profondeur l'ampleur et l'évolution des inégalités sociales, notamment entre générations,

– analyser, à partir d'indicateurs adaptés, les différents aspects de la qualité de vie,

– intégrer, parmi les données retenues, la représentation que chacun se fait de la qualité de son expérience de la vie,

– intégrer le caractère durable ou non du niveau actuel de bien-être et développer un ensemble d'indicateurs environnementaux.

On notera, enfin, les travaux du Pr. Richard Layard sur *Le prix du bonheur*[12], où il emprunte au *US general social survey* étatsunien les sept domaines où celui-ci peut s'enraciner :

– la situation financière,

– les relations familiales,

– le travail,

– les groupes et les amis,

– la santé,

– la liberté individuelle,

– les valeurs personnelles.

---

[12] Richard Layard, *Le prix du bonheur*, Armand Colin, 2007.

Ce que laissent apparaître ces différentes démarches, c'est qu'il n'est plus possible d'identifier la valeur au sens économique à ce qui a de la valeur au sens que chacun donne à ce mot compte tenu de ce qui compte ou non pour lui. D'où il résulte que le PIB peut augmenter cependant que diminue le degré de bonheur selon le regard que chacun porte sur la situation qui est la sienne compte tenu de ce qui a pour lui de la valeur. Ce fossé n'est sans doute pas nouveau ; il tend cependant certainement à s'approfondir.

b) L'évolution des systèmes de valeurs partagées

Les changements dans le système de valeurs qui anime une communauté sont d'abord insensibles. Venant après l'apothéose de la « société de consommation » et de la « mondialisation heureuse », les deux premières décennies du siècle actuel ont fait germer une interrogation : les arbres peuvent-ils grandir jusqu'au ciel ? Se poser la question, c'était déjà y apporter une réponse. Cette réponse était visible à travers de menus « faits porteurs d'avenir » : valorisation de la proximité, de « l'authenticité » par rapport aux objets de facture industrielle ; développement du « bio » ; intérêt accru pour le développement personnel et les disciplines orientales : méditation, yoga.

Cette évolution se sera accélérée avec la crise de la Covid et la célèbre injonction présidentielle : « Quoi qu'il en coûte ! » Autrement dit, le soin importait désormais plus que le souci des équilibres financiers. C'était aussi admettre qu'il n'en avait pas été ainsi jusqu'alors et qu'auparavant, donc, les équilibres financiers importaient plus que le soin prodigué.

Certes, nos modes de vie n'en auront pas été brutalement transformés. Et pourtant, le grand récit sur la « mondialisation heureuse » se sera fracturé. Le conflit en Ukraine succédant à la pandémie, le pouvoir d'achat en est venu à baisser. Des pénuries ou des craintes de pénuries apparaissent. L'incertitude l'emporte désormais sur la vision lisse et harmonieuse de l'avenir tout tracé, à peine perturbé par des difficultés momentanées.

La Covid-19, sans qu'il n'y paraisse, aura ainsi conduit à une évolution de ce qui compte aux yeux des Français. Elle aura montré la fragilité de l'être humain, et donc, la valeur des dispositifs visant à en prendre soin, et plus particulièrement du système de santé et du système éducatif, ceci sans compter la multitude des services sans lesquels la vie en société ne serait tout simplement pas possible (pompiers, gendarmerie et police, messageries, livraisons, services à la personne, personnel municipal, etc.).

Or, ces services sont souvent parmi ceux qui sont les moins rémunérateurs pour ceux et celles qui les assurent. Les « travailleurs de la première ligne », les soignants, notamment, ont été salués pour leur dévouement durant la première vague de la pandémie de Covid, mais, tout comme les enseignants, restent peu payés si l'on fait référence à leur niveau de formation, par rapport aux salariés du secteur productif. Étant considérés comme une source de coûts, ils auront ainsi été négligés par les pouvoirs publics jusqu'à ce que se produise un risque de catastrophe justifiant une intervention immédiate et plus ou moins improvisée.

Le problème est donc posé. Et leur situation recueille une réaction de sympathie venant d'une grande partie de la population. Combinée avec la stagnation, voire la régression du pouvoir d'achat du plus grand nombre, le problème pour beaucoup est moins aujourd'hui d'acquérir que de préserver l'existant. Cela conduit à une valorisation de l'importance accordée au soin : soin des biens que l'on possède ou dont on se sert, soin apporté aux rapports de proximité, soin apporté à la santé, soin apporté au cadre de vie. Si l'on tient compte de l'inquiétude suscitée par l'évolution désastreuse des équilibres environnementaux et de leurs effets de plus en plus visibles, il est donc permis d'affirmer que l'on s'éloigne de plus en plus du paradigme des « Trente Glorieuses » consistant à s'enrichir et à accumuler des artefacts de plus en plus sophistiqués.

Dans cette perspective, ce à quoi l'on attribue de la valeur tend ainsi à glisser de la production d'objets à l'entretien de l'existant. Or, il s'agit là d'une tout autre logique. Il s'agit moins, dès lors, de produire de nouveaux artefacts que de prendre soin, tant de l'être humain que des groupes humains et du milieu terrestre, qui les accueille et qui est nécessaire à leur existence même. **Autrement dit, la valeur se déplace de la production de l'inerte à la préservation de la vie.**

L'exemple des EHPAD

La valeur économique est attribuée à la chose produite et, éventuellement, à l'avantage (ou au profit) que le producteur lui-même, en en faisant commerce, tire de celle-ci. La valeur, dans le cas des EHPAD, pour prendre cet exemple, résulte donc de la production de séjours correspondant à des normes supposées bien définies, ces séjours étant facturés par l'établissement, moyennant un prix de revient qu'il s'agit de réduire autant que possible. Ceci permet, dans le cas des EHPAD gérés comme des « moyens de production » par des sociétés commerciales, d'en tirer une marge bénéficiaire susceptible de satisfaire les investisseurs. Dans cette optique, une femme de ménage est rémunérée pour laver les sols avec diligence et le fait pour elle de poser son balai afin de s'entretenir avec un vieillard solitaire en fin de vie peut être considéré comme une perte de temps répréhensible. Telle est la logique du système.

Dans le cas d'un EHPAD sans but lucratif, le problème se pose différemment. Le but n'est plus de produire une marge bénéficiaire, mais d'assurer une qualité des soins maximale aux vieilles personnes qui y sont accueillies. Dans cette optique, l'homme ou la femme de ménage qui s'attardent à bavarder avec le vieillard isolé qui en éprouve le besoin

sont tout à fait dans leur rôle et on ne peut que le ou la féliciter pour l'empathie dont il ou elle témoigne et le soin ainsi pris du malade. Le problème, toutefois, c'est que le soin apporté de la sorte à la qualité de vie des personnes accueillies se heurte aux possibilités financières de l'établissement. Celles-ci résultent en partie des financements assurés par les pouvoirs publics et la Sécurité sociale. Or, ces financements se trouvent accordés en termes de « prix de journée » et de prix des prestations médicales (consultation du médecin, médicaments prescrits, etc.), ceci en fonction d'un cahier des charges imposé. Il ne s'agit plus de dégager une marge bénéficiaire, mais le principe de « production » qui guide la création de valeur s'impose également, quoique moins visiblement que dans le cas d'établissements à but lucratif. Il se trouve en effet imposé par l'institution assurant le financement. La qualité des relations interpersonnelles doit s'effacer, là encore, derrière les critères quantitatifs mesurés en termes de production de prestations supposées normées avec précision.
Il s'agit là d'un exemple frappant de ce que la préférence, en tant que source de valeur, est clairement donnée à la production. Le soin apporté à la personne, dès lors que celui-ci ne s'inscrit pas dans un procès de production, ne compte pas, il n'est pas comptabilisé en tant que valeur créée. Il s'agit là d'une référence implicite, dans l'évaluation de ce qui compte et de ce ne compte pas, à une certaine conception de la valeur, celle-ci correspondant à un état de la culture et se trouvant ainsi inscrite dans les institutions et dans leur mode de fonctionnement.

4. La valeur de la vie

Certains économistes se sont efforcés d'attribuer une valeur à la vie humaine, ceci en prenant en compte son « coût de production » et les services qui peuvent en être attendus. De tels calculs sont évidemment profondément choquants sur le plan éthique dans la mesure où ils opposent, à l'égalité de principe entre les personnes humaines, les inégalités correspondant à leur état de santé, à leurs compétences ou à leur « utilité » pour la Cité.

La vie humaine vaudrait donc plus ou moins selon que l'on a affaire à un expert ou à un chômeur non qualifié. Il s'agit là, autrement dit, d'une discrimination entre ceux dont il conviendrait de prendre grand soin compte tenu de leur valeur et ceux dont la valeur se réduirait à peu de choses. La vie humaine, autrement dit, n'aurait pas la même valeur selon que l'on est noir ou blanc, citoyen d'un pays développé ou habitant d'un pays pauvre, jeune et bien portant, ou bien malade et sans le sou, voire dans certains pays, homme ou femme.

La chose a depuis longtemps été traitée par les philosophes en termes de droits de l'homme et de respect de la vie humaine. La Covid-19, toutefois, aura été l'occasion de la poser en des termes renouvelés à l'occasion de la rareté des moyens sanitaires, et notamment des respirateurs artificiels devenus urgemment nécessaires. On sait comment certains hôpitaux, face à l'afflux des patients excédant les équipements existants, ont pu être tentés, ou obligés, de procéder à un choix sélectif, c'est-à-dire à un « tri ». Entre plusieurs patients, qui choisir en vue de le faire bénéficier de l'unique respirateur artificiel disponible ? Il y va peut-être de la vie ou de la mort de l'un d'entre eux. Quel critère adopter ? Sera-ce l'âge, l'état de santé et donc les chances de survie, voire la possibilité pour l'établissement hospitalier d'être indemnisé pour les frais qu'il aura engagés ?

Le serment d'Hippocrate répond partiellement à cette question, mais partiellement seulement. Le médecin peut le respecter et refuser *a priori* toute forme de « tri » ; en revanche, l'institution dans le cadre de laquelle il exerce son art peut, elle, exiger par exemple la carte de crédit avant toute prise en charge (comme c'est le cas aux États-Unis). Par ailleurs, il peut se trouver confronté à une situation qui l'oblige très vite à choisir, parmi les blessés présents, celui qui pourra être secouru avec l'unique brancard disponible. Ce choix ne saurait être fondé sur l'argent ou l'âge ou tout autre critère d'exclusion. Il est donc opportun qu'il puisse se référer à une règle préétablie qui lui évite le poids moral de sa décision et qui anticipe tout risque de favoritisme. À la limite, peu importe cette règle : ce qui compte, c'est son existence.

Le droit humanitaire international et les principes qui animent la Croix-Rouge depuis 1863 visent pour leur part à répondre à cette question du prix de la vie humaine. De la Croix-Rouge, on connaît les 7 principes que les volontaires sont appelés à respecter :

- humanité,
- impartialité,
- neutralité,
- indépendance,
- volontariat,
- unité,
- universalité.

Selon ces principes, la personne humaine a donc une valeur en soi, c'est-à-dire indépendamment de ses caractéristiques quelles qu'elles soient. Le respect qui lui est dû doit se manifester dans l'instant, concrètement, indépendamment de tout calcul, et notamment de tout calcul économique. Il s'agit là d'une perspective tout autre : la personne à secourir est là, on la met sur la civière et on prend soin d'elle au mieux. Le soin est indépendant de son identité, des raisons pour lesquelles elle est mal en point, de ses responsabilités vis-à-vis d'elle-même ou vis-à-vis d'autrui, quel que soit le point de vue à partir duquel ceci pourrait être envisagé. Cette valeur attribuée à la vie humaine relève donc de l'attitude personnelle du sauveteur. Elle procède d'une attitude éthique, non d'un calcul économique.

Or, il s'agit là d'un changement de paradigme déterminant. Selon l'ordre économique et idéologique contemporain, le comportement individuel est supposé obéir à un mobile susceptible d'être traduit en termes d'utilité, pour lui-même ou pour la cause défendue. Ce serait alors parce qu'il y verrait un avantage que le sauveteur mettrait le blessé à l'abri. Cet avantage pourrait être l'objet d'une appréciation ou d'une discussion sur sa réalité. Affirmer au contraire que le soin à apporter à la personne en face de laquelle l'on se trouve ne souffre, dans son principe, aucun calcul préalable, c'est sauter dans la « société du don ». Le calcul économique n'est plus de mise alors parce qu'il serait immoral du point de vue formulé par Emmanuel Kant avec sa « règle d'or » : se comporter avec autrui de la même manière que ce qu'on attend de lui vis-à-vis de soi-même.

Il ne s'agit plus ici de discuter des moyens qui seront alloués aux hôpitaux ou aux écoles ou encore, à la sécurité sur les autoroutes. Bien entendu, le calcul de ces moyens, sachant que les ressources sont à répartir entre plusieurs projets alternatifs, est sans doute justifié. En revanche, il s'agit ici, étant ce que sont les moyens disponibles, suffisants ou insuffisants, de savoir, et ce d'une façon immédiate, ce que doit être le comportement personnel à adopter face à la personne en demande de secours. Et c'est cette attitude, que ne justifie ni l'espoir d'un gain à en retirer, ni la satisfaction morale d'avoir bien agi, ni la peur d'une éventuelle sanction pour « non-assistance à personne en danger », qui demande à être affirmée par opposition au comportement calculateur auquel nous invite le paradigme économique contemporain, tel qu'il imprègne à notre insu nos comportements individuels et collectifs.

Mais cette importance à apporter au soin ne saurait se limiter à la personne humaine. À moins de faire de l'être humain le démiurge qu'il s'imagine parfois être, le souci du soin doit s'étendre à la vie dans son ensemble. Prendre soin, c'est adopter une attitude échappant à l'utilitarisme, tel qu'il réduit l'autre à un simple moyen, afin de le considérer pour ce qu'il est, en soi, et à ne pas le réduire à ce qu'il est pour nous, de votre propre point de vue et au moment considéré. Cela suppose ainsi un changement de posture qui ne saurait se limiter à l'autre humain, mais qui demande à être étendu à l'autre non humain, vivant ou non vivant, tel que l'humain et le non-humain se trouvent systémiquement liés en un tout qui les dépasse et qui est la condition d'existence des uns comme des autres. Et donc, il nous faut apprendre à prendre soin de notre semblable, tel qu'il se trouve en face de nous dans son altérité parfois étrange, mais aussi de la communauté humaine dont nous faisons partie, des autres communautés humaines qui entrent dans la composition de l'humanité, et même des êtres vivants de toutes sortes qui constituent leur biotope et des réalités matérielles qui en constituent le support.

Les rites initiatiques des Amérindiens de l'Ouest comportent une méditation dans la *sweat lodge* qui représente un rappel du respect dû à tout ce qui constitue notre environnement cosmique : nos proches, nos ancêtres, nos descendants, les animaux de toutes sortes, les plantes, les déserts, les montagnes et les prairies herbeuses, le ciel, le soleil, la lune et les étoiles. Les Indiens savaient respecter la terre de leurs ancêtres et le peuple de bisons auprès duquel ils s'excusaient régulièrement autrefois de prélever quelques individus afin de subsister. Est venu Buffalo Bill, supposé représenter les Occidentaux « civilisés » et qui les a exterminés. Nous sommes les descendants de Buffalo Bill et nous devons aujourd'hui renoncer, ne l'ayant pas fait plus tôt, au massacre de la terre afin de la préserver comme étant le cadre même de notre existence et de sa possibilité même.

Il est vrai que Buffalo Bill et ses semblables pouvaient considérer les Indiens comme étant technologiquement moins avancés que les colons blancs. Ils auraient donc été « arriérés » par rapport aux standards de la société thermo-industrielle. Or, il importe ici une fois de plus d'observer que ces standards sont autoréférents. Ils ne présentent en aucun cas un caractère qui pourrait être dit universel. Le comportement de Buffalo Bill pourra donc être considéré, selon la vision du monde qui était celle des Indiens, comme étant irrationnel et insupportable. Et de leur point de vue, il s'agit là d'une vérité évidente. Maintenant, il faut se poser une question plus large : qu'est-ce qui importe le plus pour l'humanité ? Est-ce de tracer des voies de chemin de fer en nombre croissant ou de ménager au mieux ses relations avec l'environnement non humain dans lequel elle vit ? Et donc, en prendre soin, comme une condition de sa propre existence ? Tel est le dilemme qui se pose à notre époque de dévastation de l'environnement comme des liens sociaux et de la valeur accordés à la personne humaine en tant que personne.

5. Du changement de paradigme au changement d'indicateurs

On se souvient de la formule d'Adam Smith : ne pas attendre son déjeuner de la générosité de son boulanger, mais de sa volonté d'en tirer profit. Il s'agit là du fondement de la science économique : l'homme agit en fonction de l'utilité qu'il trouve à ce qu'il fait et du profit qu'il espère en retirer. Tout le reste s'ensuit. Le problème, c'est qu'il s'agit là d'une tromperie : la formule se présente comme descriptive du comportement humain alors qu'en réalité elle présente un caractère prescriptif.

L'utilitarisme présente la recherche du profit personnel comme relevant d'un comportement universel. Or, c'est faux. L'être humain peut parfaitement agir à l'encontre de ce qui serait son intérêt immédiat. Il peut se montrer généreux et le boulanger, par exemple, offrir son repas à l'indigent. Il peut sacrifier sa vie, ou tout au moins accepter de la mettre en danger, afin de sauver celle d'autrui. Il peut, indépendamment de l'intérêt qu'il y trouve, subordonner son comportement à une cause qui le dépasse et qui donne sens à son existence et à ses efforts. Il peut sacrifier son bien-être ici-bas afin d'accéder au bonheur dans l'au-delà. Ce sont autant de cas qui peuvent se présenter dans le contexte de l'Occident développé. Mais la gamme des comportements possibles est beaucoup plus étendue si l'on considère la variété des civilisations qui tissent l'humanité. Et les locutions « intérêt personnel » et « utilité » peuvent même n'avoir aucune signification dans certaines d'entre elles. Le raisonnement économique et les comportements qu'il suppose sont donc spécifiques à la civilisation thermo-industrielle contemporaine et il n'est même pas sûr, il y a trois siècles, qu'il aurait pu être compris.

Toutefois, cette description du comportement humain proposée par Adam Smith et ses successeurs a pris un caractère implicitement prescriptif dès lors qu'il a été admis comme « allant de soi ». Elle s'impose aujourd'hui comme une norme. Y déroger, c'est passer quasiment pour un original, ou pour un déviant. Les conclusions qui s'ensuivent, en termes de comportement attendu de chacun, font désormais partie de l'ordre culturel où baigne l'individu. Certes, elles ne présentent pas un caractère obligatoire ; elles s'imposent, à la mesure de notre inattention, comme un « totalitarisme doux » fondé sur l'imitation de chacun par chacun, c'est-à-dire sur le conformisme[13]. Il faut faire effort pour se comporter autrement. « Ne pas faire comme tout le monde » représente une démarche personnelle qui, elle, ne va pas de soi.

[13] Günther Anders, *Hiroshima est partout*, tr. fr., Paris, Le Seuil, 2008.

Ce discours économique se fonde sur un certain nombre de présupposés : l'importance accordée à la prospérité économique par rapport à ce que pourraient être d'autres objets de désir, le sentiment que cette prospérité s'inscrit sur une flèche qui va toujours s'élevant, la conviction qu'il y a là une façon de voir qui s'impose à l'humanité tout entière. Ces présupposés se trouvent critiqués par un nombre limité d'intellectuels, mais cela sans effet sur le comportement du plus grand nombre. Et pourtant, comme ceci a été dit plus haut, des signes sont là qui montrent que ce qui était admis comme « allant de soi » ne l'est plus nécessairement. Des idées se font jour, que l'on redécouvre dans le riche humus de notre passé. Le discours économique dominant doit désormais de plus en plus tenir compte de principes qui lui sont extérieurs. On en proposera trois.

a) La valeur du bien-être dans l'entreprise

Selon les normes de l'économie financière, l'entreprise a pour objet de valoriser l'investissement réalisé par la société de capitaux, dont les membres — actionnaires ou porteurs de parts — attendent eux-mêmes une certaine rentabilité en contrepartie de leur mise de fonds. En France, cette finalité de l'entreprise se trouve, depuis peu, assortie de dispositions relatives à sa « raison d'être ». Par raison d'être, il faut entendre la nature de son activité. Cette raison d'être se trouve renforcée, dans le cas de l'entreprise à mission, par la formulation d'objectifs et un contrôle assuré par une commission indépendante de la Direction. Rien n'est dit, toutefois, de ceux qui s'activent dans l'entreprise, le plus souvent en tant que salariés. Entre finalité financière et « responsabilité sociale de l'entreprise », on y verra une sorte d'angle mort.

Depuis le milieu du XIXe siècle, les syndicats de travailleurs se sont donné pour mission de défendre les intérêts matériels et moraux des salariés. Chacun d'entre eux le fait en se référant aux principes d'action qui lui sont propres. Mais, quels que soient ces principes, il convient de noter que leur action s'exerce nécessairement moyennant un rapport de force avec la Direction, dans la mesure où celle-ci est représentative des intérêts des investisseurs, ce rapport de force étant articulé avec certaines prérogatives légales. Leur action, pendant longtemps, a presque exclusivement porté sur le salaire, sur les « avantages sociaux » et sur la durée du travail. Ce n'est que depuis le début des années soixante-dix du siècle dernier qu'ils ont commencé à s'intéresser plus particulièrement aux conditions de travail et, au-delà de l'hygiène et de la sécurité, aux « risques psychosociaux » ou, pour employer l'expression de la CFDT, aux « dégâts du progrès ». Sans aller jusqu'à l'idée de « bonheur au travail », il s'agissait d'éliminer ce qui contribuait à le rendre pénible, physiquement ou mentalement. L'objectif était donc, pour employer une expression moins négative, de s'assurer d'un niveau satisfaisant de bien-être au travail.

Le bien-être au travail ne fait pas partie des finalités reconnues à l'entreprise, qu'il s'agisse de sa finalité financière ou de sa « raison d'être ». S'il en est question, c'est, pour la Direction de l'entreprise, parce qu'il y va de son « image employeur », et donc de sa capacité à recruter les « talents » dont elle a besoin. C'est aussi une façon de répondre aux revendications formulées par les syndicats, et ceci d'une façon parfois moins coûteuse que ne le serait une augmentation salariale. Bien entendu, cela n'exclut absolument pas, venant de certains dirigeants, une volonté personnelle de contribuer ainsi au progrès social. Des enquêtes d'opinion internes et des audits sociaux viennent parfois évaluer les résultats atteints, tels qu'ils sont perçus par les salariés eux-mêmes. Il s'agit le plus souvent de savoir, sur tel ou tel point, si l'entreprise a progressé ou non depuis la dernière mesure effectuée. Et bien entendu il s'ensuit parfois une communication active, à l'usage de l'extérieur, en vue de valoriser « l'image employeur » de l'entreprise.

Le bien-être au travail peut-il faire l'objet d'une évaluation ? Deux experts de l'audit social, parmi lesquels l'un des auteurs du présent ouvrage, se sont efforcés il y a quelques années, dans un ouvrage intitulé *Travail et développement humain*[14], d'élaborer une grille d'audit susceptible de faire l'objet d'un questionnaire à l'intention des salariés. Cette grille est directement inspirée du travail de Richard Layard, que l'on a cité un peu plus haut, et se compose de sept dimensions :

– la situation financière,
– les relations familiales,
– le travail,
– les groupes et les amis,
– la santé,
– la liberté individuelle,
– les valeurs personnelles.

Celles-ci ayant été transposées à l'entreprise et au travail, les deux auteurs aboutissent ainsi à une grille volontairement limitée à 28 questions, chacune d'entre elles étant formulée sous forme d'une affirmation, le répondant étant invité à affirmer qu'il est « d'accord » ou « pas d'accord » selon une échelle de Lickert à 6 possibilités de réponses. On trouvera ci-dessous la grille ainsi proposée (après avoir été testée). Bien entendu, les résultats de l'enquête peuvent être déclinés selon l'âge, le sexe et la fonction occupée par les répondants :

[14] Hubert Landier et Bernard Merck, *Travail et développement humain, op. cit.*

A — situation financière et employabilité :
1. compétitivité salariale
2. équité des rémunérations
3. sécurité professionnelle
4. sécurité financière

B — Balance vie privée/vie professionnelle
5. équilibre vie professionnelle et vie privée
6. stress professionnel et vie privée
8. autonomie dans son activité

C — Activité professionnelle
9. charge physique de travail
10. intérêt et variété du travail
11. développement du potentiel personnel
12. considération et participation au travail

D — Lien social :
13. contribution de l'entreprise aux liens sociaux de proximité
14. contribution de l'entreprise au développement des relations amicales
15. qualité des relations au sein de l'entreprise
16. efficacité de la représentation collective du personnel
17. hygiène, sécurité, conditions de travail
18. environnement et santé publique
19. charge mentale de travail
20. risques psychosociaux

E — Santé :
21. respect réciproque
22. fierté d'appartenance

23. cohérence entre valeurs personnelles et politique de l'entreprise
24 contribution de l'entreprise au mieux-être général
25. soutien en cas de difficultés
26. épanouissement personnel
27. valorisation du travail dans la sphère privée
28. équilibre général
Source : Hubert Landier et Bernard Merck, *Travail et développement humain*, Éditions EMS, 2013.

Ici, plusieurs observations s'imposent :

– la « qualité de la vie au travail » ou le « bien-être au travail » représentent une forme de valeur du point de vue des salariés intéressés ; la réalisation de ces conditions de bien-être est susceptible de faire l'objet d'initiatives qui pourraient être considérées comme autant d'investissements ;

– cette forme de valeur, pourtant, n'entre nulle part dans les objectifs de l'entreprise, qu'il s'agisse de ses objectifs financiers ou dans sa « raison d'être » ; il en résulte que les investissements en ce sens peuvent être implicitement considérés comme étant des dépenses improductives ;

– à défaut de pouvoir être précisément mesurée et quantifiée, la valeur ainsi créée peut cependant être évaluée selon son évolution dans le temps, qui peut être positive ou négative,

– de nombreuses initiatives considérées comme des investissements destinés à créer de la valeur économique, et qui sont ainsi comptabilisés, ont pour corollaire une destruction de bien-être, et donc de valeur qui, elle, ne l'est pas. La mobilité ou « l'agilité » aujourd'hui requises par le management comme étant une nécessité, bien entendu « incontournable », se traduisent ainsi le plus souvent par une destruction des équipes de travail, telles qu'elles étaient constituées, et donc par une altération des liens sociaux, et parfois même, en cas de mobilité géographique imposée, par une semblable altération des liens familiaux, celle-ci étant ressentie non seulement par l'intéressé, mais également par son entourage.

b) Le temps économique et le temps de la vie

Ce qui compte aux yeux des membres d'une communauté humaine ne s'exprime pas toujours directement ; en revanche, certaines expressions familières sont porteuses de connotations extrêmement instructives. Il faut alors passer par la langue pour comprendre les ressorts profonds qui animent une société. C'est la parole qui fait advenir ce qui compte ou ne compte pas, ce qui est « bien » ou « mal », voire « ce qui est » et « ce qui n'est pas ». Comprenons par-là que la parole ne se contente pas de traduire ce qui existait déjà en tant que fait de société, mais qu'elle présente un caractère prescriptif, et ceci d'autant plus que la connotation est mieux dissimulée derrière la banalité de ce qui est dit.

Ainsi en va-t-il de l'expression « perdre son temps ». Perdre son temps, comment ? Perdre son temps, par rapport à quoi ? Par rapport à ce qui est prescrit. Ce qui est prescrit, justement, c'est de « ne pas perdre son temps ». Il s'agit là, clairement, d'une injonction : chacun est donc invité à ne pas perdre son temps. Ce qui est prescrit, c'est d'être productif. Productif, en tant que salarié, dans le travail prescrit par l'entreprise, et qui doit être générateur de valeur économique. Productif, en tant que « travailleur indépendant », par rapport à l'objectif de production de valeur marchande. Productif, en tant que fonctionnaire, par rapport à l'objectif de valeur créée sous forme de service rendu à une collectivité. Productif, en tant qu'élève ou en tant qu'étudiant, par rapport à la recherche d'un diplôme qui permettra d'accéder plus tard à une situation professionnelle satisfaisante. Le fait de « perdre son temps » se définit ainsi par opposition à ce qui compte véritablement. « Le temps, c'est de l'argent ». Perdre son temps, c'est être « improductif », et c'est donc en prendre à son aise avec l'objectif de création de valeur, qu'il s'agisse de produits, de services, ou de connaissances (donc de « compétences ») accumulées.

Ce à quoi s'oppose le fait de « perdre son temps », il reste maintenant à examiner en quoi ceci consiste. Il y a en effet bien des façons de perdre son temps. Le fait, par exemple, pour l'écolier, de rêvasser au lieu de réviser sa leçon d'anglais. Ou bien le fait pour le (la) fonctionnaire, de papoter avec les copains ou les copines au lieu de « faire son travail ». Le fait pour l'ingénieur, de se promener sur le web durant les heures de travail, à la recherche de sites totalement étrangers à ce qu'il lui est demandé de faire. Le fait, pour l'ouvrier, de ralentir volontairement son rythme de travail, tout au moins quand la machine lui en laisse encore la possibilité. Tout au contraire, le directeur d'école, le chef de service, le manager vont s'efforcer de limiter ces pertes de temps en vue d'accroître efficacité et productivité. Au total, et d'une façon générale, dans notre société affairée, il n'est pas permis de perdre son temps.

Et pourtant, il est d'autres façons de « perdre son temps » que de flâner « à ne rien faire » derrière son ordinateur ou son cahier de conjugaisons. On en proposera quelques exemples :

– la jeune mère qui fait un câlin à son bébé : temps perdu ?

– le jardinier qui bêche son jardin : temps perdu ?

– l'amateur d'art qui contemple la *Joconde* : temps perdu ?

– le promeneur qui marche sur un chemin de Compostelle : temps perdu ?

– l'homme de lettres qui relit pour la deuxième fois *À la recherche du temps perdu* ou *Guerre et paix* : temps perdu ?

– l'aide-soignante qui consacre quelques minutes à parler avec cette vieille dame qui souffre de solitude dans la chambre de son EPHAD : temps perdu ?

– le salarié qui bavarde avec son collègue auprès de la machine à café : temps perdu ?

Les exemples pourraient être multipliés. Il s'agit là d'autant de temps qui n'ont pas de valeur selon l'acception économique du terme. Ici, arrêtons-nous un instant. L'entreprise se préoccupe de la valeur immédiate qu'elle produit par son activité. Mais ses dirigeants affirment par ailleurs se préoccuper de la « responsabilité sociale de l'entreprise » en termes d'effets de bord, soit qu'il s'agisse de création de valeur au bénéfice de son environnement humain et environnemental, soit qu'il s'agisse de valeur détruite. Ils disent fournir des efforts en ce sens. Vrai ou faux. Fort bien. Il existe toutefois un angle mort de cette création ou de cette destruction de valeur. Il s'agit, on l'a déjà dit, des conditions de vie au travail des salariés qu'emploie l'entreprise. Obliger certains d'entre eux à travailler la nuit, ce peut être indispensable dans le cas de certains services publics ou de certaines industries à feux continus qui autrement ne sauraient fonctionner ou remplir leur office. Mais pas toujours. Il peut en aller de la rentabilité de l'entreprise, et donc de la création de valeur économique. Mais c'est alors au détriment des conditions de travail. Il y a donc destruction de valeur, au sens humain. Certes, l'entreprise peut accorder des indemnités ou des primes de travail de nuit. Mais il s'agit alors de la compensation de cette destruction de valeur implicite[15].

Certes, l'entreprise dit souvent se préoccuper d'amélioration des conditions de travail, de qualité de vie au travail, de bien-être au travail, voire de bonheur au travail. Toutefois,

---

[15] Hubert Landier et Norbert Vieux, *Le travail posté en question*, Le Cerf, 1976.

indépendamment des mobiles qui animent le dirigeant, il s'agit là soit d'une réponse à des obligations légales, soit, on l'a dit un peu plus haut, d'une façon de répondre, d'une façon autre que salariale, et sans doute moins coûteuse, aux attentes de ses collaborateurs. En aucun cas il ne sera ainsi question d'une création de valeur qui serait repérable dans les comptes. L'agrément de la vie au travail a une valeur nulle, sinon au titre d'investissement visant à améliorer les espoirs de rentabilité au sens financier du terme.

Ici, il convient d'observer que certains économistes ont fondé l'idée de valeur sur le travail, ceci comme d'autres avant eux l'avaient fondé au moins partiellement sur la fertilité du sol. Cette valeur attribuée au travail n'a pourtant d'existence que pour autant que le travail débouche lui-même sur une création de valeur au sens marchand du terme. Il ne s'agit pas d'une valeur du travail envisagé en tant que tel, mais de sa valeur en tant que résultat escompté en production d'un bien ou d'un service. Le travail de l'artiste, dans cette perspective, n'a de valeur que pour autant que ses œuvres auront elles-mêmes une valeur marchande. Il n'en a aucune s'il peint pour son plaisir ou s'il se contente de les entreposer dans son garage. Cette valeur ou cette absence de valeur, convient-il d'ajouter, se juge d'une façon instantanée. L'œuvre reléguée dans un garage pourra peut-être en avoir une plus tard, lorsqu'un marchand en aura jugé ainsi.

Une partie importante de l'activité humaine — et peut-être même la plus importante — ne trouve donc pas sa place dans la notion aujourd'hui dominante de valeur économique. On en a donné quelques exemples plus haut. Or, il en résulte d'importants dysfonctionnements. Reprenons celui des EHPAD, déjà évoqué. Un homme de ménage, chargé de l'entretien des sols, pénètre dans la chambre d'une personne âgée afin de passer sa serpillère. Il s'attarde avec l'occupante, isolée, et qui souhaite bavarder un peu. Il « perd son temps » pendant un quart d'heure et il en résulte qu'il aura nettoyé 9 chambres alors qu'il devait en nettoyer 10. Le directeur de l'établissement peut bien être convaincu de ce que l'homme de ménage était dans son rôle par rapport à l'objectif qui est de prendre soin de personnes âgées. Le problème, c'est que son financement est assuré par des institutions qui se fondent sur des critères en termes de rendements économiques. L'homme de ménage risque donc d'être licencié pour « insuffisance professionnelle ». Prenons un autre exemple, puisé dans les souvenirs personnels de l'un des auteurs de ce livre. À l'occasion de l'audit, au Guatemala, d'une association prenant en charge de petites prostituées en vue de leur réinsertion, il apprend que l'organisme financeur, localisé en Europe, reproche à sa directrice ce qui serait de sa part une faible efficacité : « pour 10 qui entrent dans votre foyer, il y en a à peine une seule qui pourra retrouver une scolarité et une vie normales ». Ce qu'observe la directrice, c'est que ce « calcul » ne tient pas compte de ce que les 9 autres, malades du Sida, auront pu mourir dans un lit, et non au coin d'une porte cochère, et ceci avec l'assurance que l'association va s'occuper de leur bébé, quand elles en ont un. Mais c'est là un soin qui n'est pas pris en compte par les organismes financeurs européens.

Les exemples pourraient être multipliés. Or, les conséquences de ce mode de calcul, et notamment du « paiement à l'acte », sont de plus en plus visibles. Les infirmiers (-ères), à commencer par les plus engagées d'entre elles dans la mission qui est la leur, désertent, estimant ne plus avoir les moyens de la mener, ceci pour s'orienter vers un autre métier. Des instituteurs (-trices) et des professeurs quittent l'enseignement, qui correspondait à un choix professionnel conforme à leurs valeurs personnelles, pour s'engager dans une autre voie. Et l'agent de nettoyage de l'EHPAD, malgré tout son désir de travailler au bien-être des personnes âgées, sera licencié par l'institution pour n'avoir pas respecté les objectifs qui lui étaient assignés, de sorte qu'il est aujourd'hui gardien de parking[16]. On aura compris qu'il s'agit là d'une conséquence, d'un « effet de bord », de cette généralisation de l'idée de « valeur économique » aux institutions chargées du soin à apporter aux personnes au détriment de l'idée de service public, ou de service au public, qui en étaient le fondement.

c) Vers une économie du soin et du don ?

Ces manifestations de panéconomisme se heurtent toutefois à toute une série de difficultés et d'objections. La « raison économique » se heurte à la résistance du réel.

Le réel, c'est d'abord la capacité de charge de la planète. On ne reprendra pas ici la litanie des dommages qui lui sont infligés. Ces dommages ne sont considérés qu'à la marge, depuis peu de temps et d'une façon souvent purement formelle, par le raisonnement économique. Celui-ci représente ainsi une forme d'enfermement. Il traite des relations entre humains, non des relations entre les humains et le monde non humain. Le prix de revient du carburant à la pompe est constitué par le coût d'extraction, d'acheminement et de raffinage du pétrole, à quoi s'ajoutent les taxes. Rien n'est dit du dommage infligé à la planète. C'est que celle-ci est envisagée comme un objet, par opposition au sujet humain. Or, on ne demande pas son avis à un objet. Il s'agit toutefois d'une ontologie spécifique de l'Occident « développé ». Ce qui est pris en considération, selon cette ontologie, c'est l'être humain envisagé comme une entité en soi, indépendamment des relations qu'il entretient avec le milieu « naturel » qui est le sien. Et cette entité s'avise donc de ses fins et de ses desseins indépendamment des conséquences qui en

---

[16] Conversation personnelle avec l'auteur.

résultent pour ce qui l'entoure. Une telle ontologie, voici peu encore, apparaissait comme « allant de soi ». Il faut se plonger dans les recherches anthropologiques, c'est-à-dire dans le vivre ensemble des communautés humaines non occidentalisées, pour se persuader qu'il n'en est rien. L'ontologie opposant le sujet humain à l'objet non humain est spécifique à une vision positiviste qui ne représente qu'un moment — le nôtre — d'une modeste partie de l'humanité — la nôtre —, non d'une vision du monde qui présenterait un caractère universel.

Cette vision du monde sur laquelle repose le discours économique — d'autres diraient la « science économique » — commence à produire ses effets les plus négatifs. Au grand récit de la « mondialisation heureuse » se substitue peu à peu l'anxiété provoquée par l'incertitude d'un avenir qui ne sera probablement plus jamais celui de la prospérité matérielle triomphante de ces dernières décennies. Ceci conduit à un déplacement de ce qui compte pour l'être humain, à une modification des valeurs qui l'animent, ceci à défaut d'une modification de la valeur considérée comme telle par l'économiste, et qui se limite aux rapports marchands au sein de la sphère humaine. Ainsi serait-il tentant d'affirmer que le discours économique, en tant qu'expression des priorités humaines à un certain moment de l'histoire, tend à s'éloigner de celles-ci au fur et à mesure de ce que le grand récit de la mondialisation heureuse laisse place à l'anxiété d'un avenir mal assuré.

Une telle évolution va dans le sens d'une reconnaissance de la valeur de ce qui échappe à l'échange économique. L'échange économique porte sur des objets ou des services produits à cet effet. Or, la valeur porte de plus en plus sur ce qui n'est pas commercialisable. Reprenons une fois encore l'exemple des EHPAD. Le nettoyage des sols représente une valeur économique susceptible de faire l'objet d'une évaluation et d'une rémunération. La sollicitude manifestée par l'homme de ménage à la vieille personne à laquelle il aura consacré un peu de temps et d'attention ne l'est pas. Or, c'est peut-être cette sollicitude qui compte le plus par rapport à la raison d'être de l'EHPAD, qui est d'assurer le bien-être des personnes qu'il accueille. Autrement dit, l'attention privilégiée accordée à ce qui est mesurable, à ce qui est de l'ordre de la quantité, passe à côté d'autre chose, qui n'est pas mesurable et qui constitue peut-être l'essentiel.

Cette échappée par rapport au paradigme économistique peut être formulée à travers deux vocables, bien connus des anthropologues, mais qui ne trouvent pas leur place dans le discours économique : le soin et le don. Le soin apporté par l'homme de ménage de l'EHPAD à la personne âgée en quête d'un moment d'échange ne peut être mesuré, sinon sous la forme d'une « perte de temps » qui risque de lui être reprochée par le comptable de l'établissement. Or, c'est cela, plus que le nettoyage des sols, qui probablement compte le plus. Le soin ainsi apporté à la personne, pourtant, échappe à la mesure et à la démarche économique. Et c'est cela qui aujourd'hui demande à être reconnu.

Il s'agit là de soin à la personne. Mais il convient d'élargir notre champ de vision. Peut-on affirmer que le soin apporté au bien-être et à l'harmonie des communautés humaines, grandes et petites, soit pris en considération quand semble s'imposer un « impératif économique » ? S'il faut fermer une usine parce qu'elle a cessé d'être suffisamment rentable, s'il faut imposer une décomposition des équipes en vue d'accroître l'« agilité » de l'entreprise, s'il faut modifier en profondeur le mode de vie ancestral d'une communauté humaine afin de l'adapter aux « nécessités » du progrès et du développement, prend-on en compte ce qui en résulte en termes d'harmonie et d'agrément de la vie dans les communautés ainsi impactées ? Peut-on affirmer, ce faisant, et avec des objectifs économiques qui peuvent en soi sembler très pertinents, qu'il soit question de soin ? Or, c'est pourtant ainsi que raisonnent les élites économiques et politiques, dès lors qu'elles prétendent se préoccuper de « réformes », d'« adaptation », de « modernisation » et d'autres vocables destinés à justifier les mobiles, parfois plus obscurs, qui les animent.

Ce n'est pas tout. Il faut tenir compte du soin requis par les personnes, par les communautés humaines, mais aussi par les relations entre l'humanité et son environnement non humain, vivant et non vivant. Or, il s'agit là d'une démarche qui va à l'encontre de la logique économique. La création de valeur économique ne prend pas en compte les dégâts infligés à la planète. Il faut, sur les décideurs économiques, une pression qui leur est extérieure pour qu'ils soient contraints d'en tenir compte, encore que ces obligations soient très insuffisantes au regard des perspectives dessinées par les rapports du GIEC. La valeur du matériau extrait de la carrière a une valeur économique ; les perturbations causées à l'environnement ne sont prises en compte — et ceci de la façon la plus restrictive possible — que pour autant que l'autorité politique impose le respect d'une réglementation protectrice de l'environnement. De même, la valeur de l'électricité produite par un aérogénérateur est-elle calculée sans que soient réellement pris en considération les dégâts esthétiques imposés au paysage par l'installation d'éoliennes disgracieuses et génératrices de troubles pour le voisinage. Le soin requis par la planète et par les habitants du lieu n'intervient pas, ou seulement de façon marginale, essentiellement formelle et en quelque sorte obligée.

Le soin, donc, n'a pas de valeur marchande. Or, c'est ce qui compte et comptera sans doute de plus en plus. Voilà donc qui nous entraîne hors de l'économie marchande, telle qu'elle s'est imposée depuis deux siècles. Dans un essai dont le thème méritera d'être approfondi, deux jeunes économistes de talent, Augustin Landier et David Thesmar, semblent l'avoir perçu lorsqu'ils affirment que la pensée économique s'est majoritairement fondée sur l'utilitarisme, mais que l'utilitarisme n'est qu'une forme de morale parmi d'autres et donc que le comportement des membres d'une population peut s'éloigner du principe d'efficacité économique, ceci au prix d'une baisse de la prospérité matérielle telle qu'elle est calculée[17]. S'agit-il alors de refonder la pensée économique sur un fondement autre que l'utilitarisme et l'individualisme, ou de se situer au-delà de la pensée économique en rompant avec le principe d'efficacité ? À la limite, on répondra que peu importe. Ce que nous dit toutefois l'analyse anthropologique, c'est que la conception occidentale de l'efficacité n'est qu'une modalité parmi d'autres des rapports entre l'être humain et la réalité à laquelle il est confronté. Et donc, la question est tout autre.

Si l'on admet qu'une société humaine, quelle qu'elle soit, ne saurait rester figée dans une simple reproduction d'elle-même et quel que soit le poids de cette tendance à la reproduction du même, il faut en conclure qu'est inévitable l'émergence de nouvelles façons de concevoir le monde et la manière dont l'homme y conçoit son rôle. Mais ce changement peut prendre deux formes : une lente transformation des idées ou une brusque mutation des modes de vie. À quoi il faut ajouter que cette lente transformation

[17] Augustin Landier et David Thesmar, *Le prix de nos valeurs*, Flammarion, 2021.

peut déboucher, arrivée à un point de bascule, sur une brusque rupture, et aussi que la rupture peut avoir été préparée par une lente et silencieuse évolution des idées et des comportements. Encore faut-il souligner qu'il ne s'agit pas là d'un véritable choix. Si les comportements sont amenés à évoluer, c'est d'abord que l'homme y est contraint par l'évolution de son environnement et qu'il s'agit alors pour lui d'une question de survie.

II.

Briser l'enfermement

Toute théorie est grise, mais vert et florissant
est l'arbre de la vie[18].
Goethe

Comme ceci a été déjà souligné plus haut, il est aujourd'hui difficile de nier la réalité du changement climatique et des désordres dont est l'objet la sphère planétaire. Notons ici qu'il n'en fut pas toujours ainsi. Quoi qu'il en soit, l'ampleur en est telle que c'est l'avenir même de l'humanité qui est désormais en jeu. Ceci a été suffisamment dit et redit, notamment dans les rapports successifs du GIEC. Et pourtant, il s'en faut que l'action individuelle et collective, celle des puissances économiques comme celle des pouvoirs publics et de leurs représentants respectifs, aille dans le sens d'une action résolue face à ce qui pourrait apparaître comme une priorité absolue.

Les préoccupations à courte vue, les intérêts en jeu, la viscosité des grands systèmes institutionnels constituent une première explication. Celle-ci, pourtant, n'est probablement pas suffisante. Il y va en effet de la vision du monde qui sert de cadre à la pensée et à l'action dans la civilisation thermo-industrielle

---

[18] *Faust 1*, v. 2036.

qui est la nôtre. Il nous faudra donc pousser l'analyse un peu au-delà de ce que nous suggèrent notre façon de comprendre la réalité, la vie et les rapports que nous entretenons avec l'une et avec l'autre. C'est cette façon de penser qui en effet explique les réactions de déni qui subsistent çà et là quant aux effets de l'activité humaine sur son environnement et quant à la façon d'éviter que la situation ne s'aggrave encore sous l'effet de notre activité quotidienne.

1. Du déni au complot

On présentera ici un exemple de ce déni. Le blog que publie l'Institut de recherches économiques et fiscales conteste vigoureusement la réalité de l'action humaine sur les désordres climatiques et l'intervention des écologistes, comme il les appelle, en vue d'une action collective qui viserait à y remédier. Suivons le raisonnement de l'auteur :

– les conclusions du GIEC ne feraient pas l'unanimité ; cependant, les voix dissonantes seraient réduites au silence ;

– il ne serait pas réellement prouvé que l'action humaine est à l'origine des désordres climatiques constatés ;

– le lobbying mené par les « écologistes » aurait pour effet de mettre en péril les libertés sur lesquelles repose notre prospérité ;

– les écologistes prennent ainsi la relève des communistes pour s'en prendre aux libertés et justifier le rôle déjà trop important de l'État.

Un tel argumentaire est loin d'être isolé. Or, il appelle les observations suivantes :

– les « milliers de scientifiques » dont il est fait état se limitent en fait à un nombre très limité, parmi lesquels n'est cité que Steven Koonin, dont il ne précise pas qu'il a été membre de l'administration américaine, qu'il fait partie d'un lobby conservateur libéral et que son point de vue est très largement critiqué par les chercheurs, qu'ils fassent ou non partie du GIEC, comme étant fondé sur des analyses obsolètes ;

– le doute jeté sur les travaux du GIEC aboutit à la conclusion, d'une part, qu'il ne faut pas trop s'alarmer, d'autre part que les désordres climatiques ne résultent pas nécessairement de l'activité humaine ; il conviendrait donc de ne pas trop se précipiter, ce qui tend à justifier le *business as usual* et les principes du libéralisme économique, sur lesquels il ne saurait être question de s'interroger ;

– la pertinence de l'action menée par les « écologistes » est donc mise en doute avant toute analyse plus poussée, sachant que leur discours présenterait un caractère liberticide ; or, la priorité irait à la « défense des libertés », celles-ci étant entendues au sens « libéral » ;

– les désordres planétaires, dans cette perspective, sont réduits au seul réchauffement climatique, ceci à l'exclusion, notamment, des effets provoqués par la dispersion des déchets industriels de toutes sortes et de l'épuisement de certaines ressources terrestres ;

– il y a identité — ou amalgame — entre les climatologues et les écologistes, tels qu'ils s'expriment sur le plan politique.

Ce qu'il s'agit donc de préserver avant tout, ce sont les libertés telles qu'elles sont conçues selon l'idéologie libérale. Il ne s'agit pas de réfléchir, ce qui passerait par la remise en cause de certains postulats initiaux, mais de défendre coûte que coûte certaines croyances de départ. Il est donc permis d'affirmer qu'il s'agit là d'une manifestation de l'incapacité à remettre en cause certains présupposés d'ordre idéologique alors même qu'ils entrent en contradiction avec la réalité perçue. Il s'agit au contraire d'interpréter la réalité afin qu'elle en vienne à coïncider avec la *doxa*, quitte à imaginer quelques aménagements à celle-ci, et non plus de soumettre la *doxa* à l'épreuve des faits, ce qui pourrait amener à y renoncer en vue d'une compréhension à la fois plus cohérente et plus pertinente par rapport à ce qui demande à être expliqué. C'est pourtant ainsi que Copernic sut renoncer aux parallaxes que supposait le système géocentrique afin d'adopter, à titre d'hypothèse, le système héliocentrique.

Une telle attitude est très compréhensible. Comme les Romains du IVe siècle, nous répugnons naturellement à une remise en cause de ce qui constitue pour nous l'ordre du monde, ou plutôt, l'ordre du monde que nous nous sommes construits. La réalité, telle qu'elle se présente, vient déranger l'image cohérente (mais à l'intérieur de certaines limites paradigmatiques) que nous nous en étions faite. Une première attitude sera donc de nier la réalité. La deuxième, si elle ne peut être niée, sera de nier que celle-ci résulte des comportements humains auxquels nous participons. Et c'est dans le cas seulement où il apparaîtra sans contestation possible que ceci non plus n'est pas possible, que nous en viendrons, quoiqu'à contrecœur et non sans avoir longtemps résisté, à accepter un bouleversement de nos certitudes, soit par une sorte de « metanoïa » qui nous fera adopter une autre façon de comprendre les choses, soit en aménageant nos certitudes de façon à tenir compte de ce qui ne peut plus être ignoré.

2. De la RSE aux pratiques mortifères[19]

À ce mode de raisonnement préconstitué et qui se refuse à toute remise en question s'ajoutent évidemment, et peut-être même s'adossent, de puissants intérêts, venant notamment des industries les plus directement impliquées dans le réchauffement climatique. La politique des « marchands de doutes » a été déjà largement dénoncée[20], notamment avec l'action menée par les fabricants de cigarettes américains en vue de minimiser le caractère cancérigène du tabac et de retarder ainsi l'interdiction ou les restrictions mises à la vente de leurs produits. On en

---

[19] Cf. Jacques Igalens, *Grandeur et misère de la RSE*, Éditions EMS, 2023.

[20] Naomi Oreskes et Erik M. Conway, *les marchands de doute*, tr. fr. Paris, Le Pommier, 2013.

prendra ici un exemple particulièrement éloquent et bien documenté.

En octobre 2021, la revue *Global Environmental Change* a publié, sur le comportement du groupe pétrolier français Total, une étude réalisée par trois chercheurs, Christophe Bonneuil, directeur de recherche au CNRS, Pierre-Louis Choquet, sociologue à Sciences Po, et Benjamin Franta, chercheur en histoire à l'université Stanford[21] ; cette étude a le grand mérite d'analyser en détail comment cette entreprise aurait sciemment minimisé son rôle face à la menace du changement climatique depuis le début des années soixante-dix. On ne fera que résumer ici les principaux résultats de leurs recherches, tels que les auteurs les ont rendus publics :

– Dès 1971, la revue interne du Groupe Total (celui-ci étant, depuis lors, devenu TotalEnergies), intitulée *Total Informations*, avertit ses lecteurs, sous la plume du géographe François Durand-Dastès, des effets catastrophiques auxquels conduit la combustion d'énergies fossiles ; ce sujet, toutefois, et malgré son importance, ne sera plus abordé par la suite dans la revue ;

– Au milieu des années 1980, le géant américain Exxon, via l'Association environnementale de l'industrie pétrolière (IPIECA), prend la tête d'une campagne internationale des groupes pétroliers pour « contester la science climatique et affaiblir les contrôles sur les énergies fossiles » ;

– En 1986, celui qui était alors le directeur de l'environnement chez Elf, avant de l'être plus tard chez Total, dont le nom est Bernard Tramier, alerte le comité d'exécutif d'Elf, écrivant ce qui suit : « L'accumulation de dioxyde de carbone et de méthane dans l'atmosphère et l'effet de serre qui en résulte vont inévitablement modifier notre environnement.

---

[21] *Global Environmental Change*, octobre 2021.

Tous les modèles sont unanimes à prédire un réchauffement de la Terre. » Et il ajoute : « Il est donc évident que l'industrie pétrolière devra, une nouvelle fois, se préparer à se défendre. » Selon les auteurs de l'étude, Total et Elf, dès lors, vont s'employer à faire pression, avec succès, contre les politiques qui visaient à réduire les émissions de gaz à effet de serre, ceci tout en cherchant à se doter d'une crédibilité environnementale à travers des engagements volontaires visibles, mais peu coûteux ;

– Puis c'est, en 1992, le sommet de Rio sur le changement climatique : « Pour nous, cette histoire était prématurée et il ne fallait pas qu'elle soit inscrite à Rio. On craignait que des mesures dommageables à l'industrie ne soient prises », déclare ce même Bernard Tramier, aujourd'hui retraité, aux auteurs de l'étude ;

– Dans les années qui suivent, l'industrie pétrolière française, toujours selon l'étude ici résumée, cesse de remettre en cause publiquement les sciences climatiques, mais continue pourtant à augmenter ses investissements dans la production pétrolière et gazière et à argumenter sur « l'incertitude » à laquelle conduiraient les études sur le climat, minimisant ainsi l'urgence climatique et cherchant à détourner l'attention des énergies fossiles comme cause première du réchauffement climatique mondial ;

– À partir de 2006, Total, qui entretemps a absorbé Elf, reconnaît officiellement la réalité de ce changement et confirme ainsi les conclusions du GIEC tout en faisant la promotion, disent les auteurs de l'étude, d'« une division des rôles entre la science et les affaires, selon laquelle la science décrit le changement climatique et les entreprises prétendent le résoudre, revendiquant ainsi leur légitimité à influer sur les politiques publiques et mettant en avant leur conception de la “transition énergétique” ».

– Arrive l'année 2021 et le changement de dénomination du Groupe, qui devient « TotalEnergies ». Celui-ci, sous cette nouvelle appellation, assure être engagé, depuis 2015, « dans une profonde transformation de ses activités avec l'ambition d'être un acteur majeur de la transition énergétique, de devenir l'un des cinq plus grands acteurs mondiaux de la production d'électricité renouvelable et d'atteindre la neutralité carbone, de la production jusqu'à l'utilisation des produits énergétiques vendus à ses clients, à l'horizon 2050 ». Il est certes permis de le croire. Toutefois, selon l'ONG *Reclaim Finance,* les énergies renouvelables ne représentaient en 2021 que 0,2 % de la production du Groupe et, malgré des « investissements massifs », cette part n'irait pas au-delà de 1,7 % de sa production en 2025. Par contre, TotalEnergies prévoyait alors, par rapport à 2019, une hausse de 35 % de sa production de gaz d'ici à 2030, y compris en Arctique[22].

Plus récemment, enfin, Radio France et RFI[23], notamment, ont rendu publique une enquête décrivant le projet dans lequel TotalEnergies, en tant qu'actionnaire majoritaire, est aujourd'hui impliqué en Ouganda et en Tanzanie. Ce projet d'exploitation pétrolière, dont la mise en œuvre est aujourd'hui bien entamée, prévoit le forage de 426 puits d'extraction de pétrole sur 11 sites ainsi qu'une usine de retraitement du brut qui sera ensuite acheminé via la Tanzanie par un oléoduc chauffé traversant sur plus de 1 000 km des territoires protégés et fragiles. Ce projet, qui donc est déjà en cours de mise en œuvre, aurait, selon les ONG environnementalistes, sur les écosystèmes et les communautés humaines concernés, des conséquences évidemment très négatives. Mais de cela, TotalEnergies minimise la portée, insistant sur les précautions prises, sur le peu

---

[22] *Le Monde*, 20 octobre 2021.

[23] RFI, mis en ligne le 06.01.2023.

d'impact sur les écosystèmes et sur les compensations offertes aux populations concernées. Son président, Patrick Pouyanné, évoquait ainsi, lors de son audition par la commission des affaires étrangères de l'Assemblée nationale, le 9 novembre 2022, le déplacement forcé de 790 foyers. C'est toutefois beaucoup moins que les 19 000 foyers à reloger dont parlent les représentants locaux de TotalEnergies, les ONG, de leur côté, évaluant le nombre de personnes déplacées à 100 000. Bien entendu, assure l'entreprise, les personnes ainsi invitées à abandonner leurs terres seront indemnisées. Les ONG précisent : « à hauteur de deux millions de shillings tanzaniens », soit environ 800 euros.

Au total, on trouve là, selon les ONG consultées par RFI, à peu près tous les préjudices que peut porter sur les écosystèmes et les communautés humaines un projet industriel lancé avec la ferme volonté de nier la portée de ses conséquences : sous-évaluation du bilan carbone, empiètement sur un parc naturel servant de réserve animalière pour des espèces menacées, contribution à la déforestation (avec une bande de 30 mètres déboisés et non reboisable sur 1 000 km environ), mise en danger de populations de gros mammifères en voie de disparition, risques de pollution résultant des fuites inévitables sur le pipeline, destruction, par suite de la création d'installations portuaires, des zones de pêche faisant vivre les populations du littoral et remise en cause, enfin, des conditions de vie des populations concernées.

Cela n'aura pas empêché Patrick Pouyanné, le président de TotalEnergies, de prendre la tête, début 2022, de l'association « Entreprises pour l'environnement[24] », sachant que la

---

[24] Créée en 1992, l'Association française des entreprises pour l'environnement, EpE, regroupe une soixantaine de grandes entreprises françaises

multinationale qu'il dirige fait partie du top 20 des entreprises mondiales qui émettent le plus de CO_2. Il succède ainsi à Jean-Laurent Bonnafé, le directeur général de BNP Paribas, une banque elle aussi épinglée pour sa politique d'évasion fiscale et son financement des énergies fossiles.

Quels que soient les démentis et les assurances livrés au public, les investissements dans les hydrocarbures se poursuivent donc de plus belle. Compte tenu de leur caractère nocif pour l'avenir de l'humanité, voilà qui conduisait Antonio Guterres, secrétaire général de l'ONU, à affirmer à la tribune du Forum économique mondial de Davos, le 16 janvier 2023 : « *Nous avons appris la semaine dernière que certains producteurs de combustibles fossiles étaient parfaitement conscients, dans les années 1970, que leur produit phare était en train de cuire notre planète. Et tout comme l'industrie du tabac, ils ont fait peu de cas de ce qu'ils savaient. Certains membres de Big Oil ont colporté un gros mensonge. Et comme l'industrie du tabac, les responsables doivent rendre des comptes.* » Et il ajoutait : « *Aujourd'hui, les producteurs de combustibles fossiles et ceux qui les soutiennent continuent de faire la course pour augmenter la production, tout en sachant pertinemment que ce modèle économique est incompatible avec la survie de l'humanité. Cette folie relève de la science-fiction, mais nous savons que l'effondrement de l'écosystème est un fait scientifique froid et dur.* »

Le cas de l'industrie pétrolière n'est qu'un exemple de ce qu'est aujourd'hui l'attitude d'un grand nombre de grandes entreprises dont l'activité a un impact direct sur la biosphère. On en trouvera un autre un peu plus loin avec le cas des éoliennes. Un tel comportement peut s'expliquer de plusieurs façons : il

---

(Renault, EDF, Saint-Gobain, Veolia, Airbus, Airfrance, Lafarge, Vinci, etc.). Ses membres disent partager « la même vision de l'environnement comme source de progrès et d'opportunités ».

peut d'abord y avoir une part de cynisme. C'est elle que mettent en avant les détracteurs du « système capitaliste » quand ils dénoncent — parfois de façon outrancière — « la recherche exclusive du profit », c'est-à-dire de l'intérêt de l'entreprise, ou plutôt, des intérêts financiers qu'elle met en œuvre. On peut y voir également l'effet d'une conscience malheureuse, les dirigeants des entreprises polluantes cherchant à se persuader eux-mêmes, avant même de chercher à persuader les autres, que leur action pourrait ne pas être aussi nuisible que certains veulent bien le dire ; le soutien financier de recherches et la promotion d'articles scientifiques qui leur seraient favorables viseraient non seulement à préserver les intérêts immédiats de l'entreprise, mais également à restaurer leur bonne conscience. Par ailleurs, certains cadres dirigeants peuvent être conscients des dégâts auxquels ils sont conduits à participer sans pour autant être en mesure de s'exprimer autrement que par une éventuelle démission, le rôle de lanceur d'alerte étant risqué et difficile à assumer. On observera enfin que de plus en plus d'étudiants répugnent à s'engager dans une telle mécanique, et ceci malgré tous les efforts des grandes entreprises pour « attirer les talents ».

Il est permis de penser que, dans leur grande majorité, les dirigeants d'entreprises sont parfaitement conscients des enjeux climatiques. Certains s'efforcent, comme ils le peuvent, de trouver des solutions acceptables. Mais ils doivent tenir compte des attentes de leurs investisseurs, de l'existence de concurrents moins scrupuleux, des multiples problèmes qu'il leur faut résoudre à court terme, et finalement du manque de temps. À cela s'ajoute le fait qu'il est plus aisé de pratiquer une politique « verte » dans le secteur de l'assainissement des eaux que dans celui de l'énergie. Le plus facile est certes de pratiquer l'art du « greenwashing » et il est certains directeurs de la communication et certains cabinets de conseil qui y excellent. Où se trouve la limite entre ce qui serait hautement souhaitable sur la durée et les accommodements qui semblent inévitables sur le court terme, entre ce qui est acceptable et ce qui ne l'est pas ? Le dirigeant ne sera-t-il pas tenté de rechercher une « martingale » qui lui permettra de continuer à assumer le comportement exigé de lui dans le cadre de la fonction qu'il exerce tout en espérant mener une action qui puisse être qualifiée de vertueuse ? On y reviendra un peu plus loin.

Il ne s'agit pas seulement ainsi d'un comportement cynique, comme en témoigne le débat organisé par le MEDEF, le 31 août 2023, lors de son université d'été, entre le climatologue Jean Jouzel et le directeur général de TotalEnergies, Patrick Pouyanné. Pour Jean Jouzel, « C'est maintenant qu'il faut agir, c'est très clair, et malheureusement ce n'est pas ce que nous faisons puisque les émissions [de gaz à effet de serre] liées aux combustibles fossiles continuent à augmenter. [...]. Face à ce constat, je ne peux que partager l'appel d'Antonio Guterres, le secrétaire général de l'ONU, à arrêter tous les investissements dans les combustibles fossiles. » À quoi Patrick Pouyanné répondait : « Cette transition, je suis désolé, elle prendra du temps. Je respecte l'avis des scientifiques, mais il y a la vie réelle. [...]. Je dois assurer la sécurité d'approvisionnement au coût le plus efficace. » D'un côté, le souci de l'avenir de l'humanité, de l'autre, la préoccupation du court terme. Deux visions incompatibles, comme le souligne le quotidien *20 minutes*[25]. Et en effet, que peut faire le président d'une compagnie pétrolière à moins de laisser son poste à un autre, qui ne pourrait pas lui-même avoir une autre politique.

[25] 1er septembre 2023.

3. « Développement durable » et « énergies renouvelables »

Quand on est investi d'une responsabilité économique dans la société thermo-industrielle, que faire quand on sait qu'en agissant ainsi que cette responsabilité l'exige, on contribue à la destruction des écosystèmes et que l'on met en cause les possibilités mêmes de survie de l'humanité ? La tentation est d'abord de s'en tirer par une pirouette. Mais au-delà, il faut bien faire face à la contradiction qui se présente. D'un côté, un certain comportement est requis, par les investisseurs ou par les électeurs, de telle sorte que s'en affranchir pourrait conduire à leur opposition. Le risque serait alors le devoir laisser place à un autre qui, de toute façon, n'agirait pas autrement. De l'autre, le caractère mortifère de l'action ainsi menée n'est pas niable et risque de conduire au désastre, ce qui est moralement insupportable. À moins de s'en tenir à une action immédiate, bornée et envisagée hors de toutes ses conséquences au-delà d'elle-même, il faut bien alors trouver une martingale. Cette martingale doit être acceptable par « le système » tout en laissant supposer qu'elle contrecarre ses effets mortifères.

D'où la référence devenue constante, dans le discours politiquement correct, au « développement durable », à la « croissance verte » et aux « énergies renouvelables ». On en connaît le principe : le « développement durable » doit se soucier des émissions de CO2 et être sobre en consommation d'énergies et de matériaux ; d'où, notamment, « l'économie circulaire ». Fort bien. À ceci près que les matériaux, recyclés après usage, de l'artefact ainsi fabriqué finiront par ne plus l'être, car, d'un cycle à l'autre, il y aura eu perte, ou frottement, ou dégagement de chaleur. Vouloir l'ignorer serait croire en la possibilité du mouvement perpétuel. Et donc, s'il s'agit bien là d'une démarche dont on ne saurait dénier le caractère vertueux, elle ne fait que ralentir les effets négatifs du développement. Et donc, elle permet de gagner du temps, de répondre aux inquiétudes suscitées par les conséquences mortifères de la croissance, mais ceci sans rien de changer d'essentiel au principe même qui fonde cette idée de croissance.

On ne dira rien de la « croissance verte » qui n'est rien d'autre qu'une image sympathique, valorisable en termes de communication, mais qui est dénuée d'une définition qui en ferait un concept utilisable. On en viendra donc directement aux énergies renouvelables. Certes, le vent et l'énergie solaire sont en effet renouvelables et leur usage est supposé permettre d'économiser les énergies stockées dans l'écorce terrestre et qui, elles, ne le sont pas. Or, il est permis de penser qu'il ne s'agit là que d'une pure illusion. En premier lieu, le rendement des énergies renouvelables présente un caractère fortement aléatoire et elles ne peuvent donc que compléter les sources d'énergie qui ne dépendent pas du temps qu'il fait, qu'il s'agisse du vent ou de l'ensoleillement, et qui sont à leur moindre niveau lorsque précisément on en aurait le plus besoin. Les énergies renouvelables, selon le modèle économique actuel, ne peuvent donc que présenter un caractère complémentaire par rapport aux ressources qu'elles sont censées remplacer.

En second lieu, si les énergies renouvelables le sont effectivement, les moyens de les capter, eux, ne le sont pas. Ils supposent en effet, pour une durée de vie limitée à quelques dizaines d'années, l'emploi d'un tonnage important d'équipements qui sont produits moyennant l'emploi de sources d'énergie qui, pour leur plus grande partie, ne sont pas, elles, d'origine renouvelable. Sans entrer dans les chiffres, on dira donc que l'on ne saurait y voir une solution qui serait elle-même durable. À cela s'ajoutent enfin les dégâts qu'elles provoquent sur l'environnement, et notamment sur l'habitabilité des terroirs et l'aménité des paysages. La valeur produite est ainsi évaluée sans que soit prise en compte la valeur par là même détruite. On s'en rendra plus précisément compte un peu plus loin avec l'exemple des éoliennes.

Il résulte de cet effort pour « changer sans rien changer » un certain embrouillamini. Par exemple, il est vivement conseillé par les pouvoirs publics, pour la propulsion des véhicules, et toute leur politique d'incitations va en ce sens, de passer du moteur thermique au moteur électrique. Le problème, c'est que ceci ne peut que conduire à une augmentation de la consommation d'électricité. Les énergies non renouvelables étant largement insuffisantes, on fera donc appel à des filières plus classiques et plus fiables : le pétrole, le gaz, voire le charbon, ceci sans compter l'énergie nucléaire. Celle-ci constitue-t-elle dès lors une solution miraculeuse ? C'est ce qu'on pourrait penser en apprenant le classement de l'énergie nucléaire au nombre des « énergies renouvelables ». Reste à savoir si le matériau utilisé — l'uranium ou ses dérivés — présente un caractère illimité et si le maintien en activité de centrales nucléaires déjà existantes et la construction de nouvelles, qui portera sur une durée de vie nécessairement limitée, même après prolongation, présente un caractère durable. Ceci sans compter, bien entendu, les risques qui en résulteront pour les générations futures, notamment le danger permanent que présentent ceux des déchets qui ne peuvent être retraités.

Les technophiles objecteront, bien entendu, que le progrès technique pourvoira nécessairement à ce que nous ne savons pas faire aujourd'hui : retraiter les déchets nucléaires ou, par exemple, promouvoir l'hydrogène comme source d'énergie. Sans vouloir sous-estimer l'intérêt du progrès technique et les résultats qu'il est permis d'en attendre, il est toutefois permis de formuler quelques objections :

– il s'agit là d'un pari sur l'avenir qui n'est pas gagné d'avance,

– les effets pervers ou négatifs des solutions imaginées ou qui restent à imaginer sont rarement mis en avant dès lors qu'il s'agit de les promouvoir, compte tenu des intérêts en jeu,

– ce pari sur les nouvelles technologies représente une sorte d'enfermement dans le paradigme techno-industriel qui nous a conduits là où nous en sommes.

Cette perspective ne semble donc pas vraiment conduire à une solution qui présenterait un caractère pérenne. C'est qu'il s'agit d'un enfermement dans une vision du monde, ou dans un paradigme, qui est justement celui qui nous a conduits là où nous en sommes. Le président de la République française pouvait déclarer publiquement que ce serait « revenir aux Amish » que de vouloir y renoncer[26]. Il faut sans doute entendre par là que la civilisation se confond avec le progrès technique, tel qu'il se fonde sur l'usage croissant d'énergie, qu'il s'agisse du charbon, de l'énergie nucléaire ou, subsidiairement, de l'énergie éolienne ou solaire. Et il faut donc en conclure que les civilisations préindustrielles, que ce soit en Occident ou ailleurs sur la planète, hier ou aujourd'hui, représentaient un « stade inférieur » de l'histoire de l'humanité, y compris la « France des Lumières » à laquelle se réfère implicitement ledit président. Or, une telle affirmation, qui revient à soutenir qu'il n'y a aucune alternative (la « no alternative » de Margaret Thatcher), se réfère implicitement à un narratif autojustificatif que rien ne vient étayer si on se place dans une perspective autre que celle à laquelle nous tendons ainsi à conférer un caractère absolu. La « France des Lumières » du XVIIIe siècle représenterait un stade inférieur de la « civilisation ».

[26] *La Tribune*, 15 septembre 2020.

4. L'exemple des éoliennes[27]

Le cas des éoliennes est très caractéristique des pratiques fondées sur le principe du développement des « énergies renouvelables ». La création d'un « parc d'éoliennes » est subordonnée en France à une décision préfectorale après consultation des collectivités locales impactées et moyennant la présentation par l'entité à l'origine de la demande d'un cahier des charges extrêmement circonstancié. S'agissant des éoliennes terrestres, auxquelles on se limitera dans ce qui suit, ce cahier se fonde aujourd'hui sur un *Guide relatif à l'élaboration des études d'impacts des projets de parcs éoliens terrestres* édité en 2016 par le ministère de l'Environnement, de l'Énergie et de la Mer, qui ne compte pas moins de 188 pages. Celui-ci s'ouvre sur le rappel suivant :

« **Le I de l'article R. 122-5 du code de l'environnement précise que "le contenu de l'étude d'impact est proportionné à la sensibilité environnementale de la zone susceptible d'être affectée par le projet, à l'importance et la nature des travaux, installations, ouvrages ou autres interventions dans le milieu naturel ou le paysage projeté et à leurs incidences prévisibles sur l'environnement ou la santé humaine".** »

Ceci étant posé, il est dit que l'étude d'impact doit notamment aborder les thèmes suivants :

– les méthodes utilisées,

– une définition précise de « l'ère d'étude » tenant compte des différentes conséquences possibles du projet,

– une description du projet lui-même,

– une analyse de l'état initial de l'environnement, celle-ci « ayant pour objectif d'identifier, d'analyser et de hiérarchiser

[27] Une partie de ce paragraphe reprend certains passages d'une communication présentée lors de l'université d'été de l'Institut international de l'audit social les 24 et 25 mai 2022 à Toulouse.

l'ensemble des enjeux existants à l'état actuel de la zone et des milieux susceptibles d'être affectés par le projet, en vue de fixer le cahier des charges environnemental que le projet devra respecter et d'évaluer les impacts prévisionnels »,

– une évaluation des effets et des impacts sur l'environnement fondée sur une échelle de valeurs,

– une présentation des variantes et des raisons du choix du projet en faveur de l'une d'entre elles,

– une définition des mesures environnementales prévues afin de contrecarrer les effets négatifs du projet sur l'environnement et la santé humaine.

Suit un catalogue qui se veut extrêmement complet des impacts à prendre en considération compte tenu des effets du projet sur les paysages, le patrimoine bâti, l'existence éventuelle de monuments historiques, de « sites patrimoniaux remarquables », de sites archéologiques, ceci sans compter la nécessité de prendre en compte le code de l'urbanisme et le code de l'environnement (sites classés, sites inscrits, biens inscrits au patrimoine mondial). De même en ce qui concerne les effets possibles sur la santé et sur les activités économiques locales.

Tout, absolument tout, aura donc été pris en considération, y compris l'impact du chantier de construction et les mesures liées à la démolition des éoliennes en fin de vie, tout au moins de leurs mâts, la base en béton armé étant destinée à rester en place. Encore une fois, le tout sur près de 200 pages, à quoi il conviendrait d'ajouter les centaines de pages correspondant aux textes auxquels renvoie le guide. Et pourtant, ici, trois remarques s'imposent :

– Ces 200 pages sont largement meublées de références réglementaires, de renvois à des textes existants et à des institutions de référence. Le projet devra donc avant tout respecter la législation et la réglementation existantes, sans cesse changeantes en fonction de priorités politiques de l'heure. Il s'agit d'un document juridique tendant à laisser penser que la France est un pays bien administré, où tout a été pensé par l'État conformément à l'intérêt général, ceci dans le respect des règles démocratiques.

– Les facteurs d'appréciation, en revanche, paraissent d'une précision douteuse : selon quels critères noter, sur une échelle de 1 à 6, les effets d'un projet sur l'évolution de population d'oiseaux migrateurs ou sur la population des chauves-souris ? Comment juger de l'efficacité des dispositifs mis en place afin de remédier aux effets négatifs qui pourraient résulter de la mise en œuvre du projet ? Les règles relatives aux normes que doivent respecter les études d'impact conçues selon ce modèle ne répondent pas d'une façon évidente à cette double question. Elles ont été rédigées par des juristes, non par des spécialistes des chauves-souris, et il est peu probable que ceux-ci aient été consultés. Le respect formel des règlements importe, semble-t-il, davantage que l'impact sur la réalité.

– Munis de ces prescriptions, les développeurs de nouveaux projets d'éoliennes vont s'adresser à des bureaux d'études spécialisés (et rémunérés à cet effet par les demandeurs, ceci n'ayant évidemment rien d'anodin) qui seront chargés de répondre aux questions posées par l'administration en procédant à cet effet à des études, supposées approfondies, sur le terrain. Il leur faudra donc évaluer les effets du projet pour les riverains (bruit, désagréments visuels, troubles d'exploitation d'une activité agricole, etc.), sur le paysage et sur la faune sauvage. Il s'agit de documenter une étude en vue d'une enquête diligentée par le préfet auquel revient la décision finale après avis favorable du maire des communes impactées.

On aura compris qu'il ne s'agit pas d'informations destinées à nourrir un débat (pour ou contre), mais d'arguments visant, venant de « sachants », à convaincre ceux qui ne savent pas, ou qui seraient animés d'un point de vue passéiste. Il s'agit donc de documents qui se veulent « pédagogiques », étant bien entendu que le promoteur du programme est nécessairement bien intentionné, soucieux de l'intérêt général et conscient des désordres environnementaux qu'il risquerait de provoquer s'il n'avait pas d'avance tout prévu. Autrement dit, il ne saurait être question, sans faire preuve d'obscurantisme, de prétendre remettre en question le principe même de la multiplication des éoliennes.

La réalité, bien entendu, est toute différente. Le bureau d'étude chargé par le promoteur de répondre au cahier des charges prescrit par l'administration va s'efforcer de satisfaire son client, qui trouve, on peut le supposer, un intérêt financier à ce que le projet aboutisse. Il en résulte que les enquêtes sur lesquelles il se fonde sont souvent indigentes, faute d'avoir été menées par des experts dans les différents domaines abordés, par exemple celui des habitudes propres aux chauves-souris. La gêne acoustique occasionnée aux riverains est limitée à l'évaluation du nombre de décibels à différentes distances de l'installation, l'impact sur le paysage à quelques photos de synthèse prises sous des angles avantageux. Et ainsi de suite. Cette dérive résultant d'intérêts financiers se trouve confortée :

– par un préjugé, venant des pouvoirs publics, en faveur du développement d'énergies renouvelables, ceci en vue d'alimenter la « croissance verte »,

– par l'extrême simplification de l'enquête publique et l'extrême difficulté des recours judiciaires,

– par une action de lobbying visant à subvertir l'opinion publique et par la présentation, aux riverains et aux maires des communes, d'avantages financiers dans le but de s'assurer par avance, d'une façon qui peut ne pas être rigoureusement transparente, de leur consentement intéressé.

Les éoliennes ne sont pas d'innocents moulinets. Selon la hauteur du mât, qui peut aller de 100 à 200 mètres, une éolienne exige un socle de 1 000 à 2 000 tonnes de béton armé et 250 à 400 tonnes d'acier pour le mât. À cela s'ajoutent entre deux cents kilos et une tonne de terres rares selon la puissance de l'électrogénérateur[28], le tout pour une durée de vie prévue d'une vingtaine d'années. La puissance réelle de l'engin est d'environ 25 % de sa puissance nominale, sachant qu'il ne peut fonctionner que pour des vents supérieurs à 10 km/h, mais inférieurs à 80 km/h. Il en résulte une grande variabilité, qui peut évoluer au cours d'une même journée de 1 à 100. À défaut de pouvoir stocker l'énergie qu'elle produit, l'énergie éolienne nécessite ainsi, en tout état de cause, un apport d'énergie autre, qui ne peut être que d'origine thermique (fuel ou charbon) ou atomique. L'idée d'une substitution des énergies renouvelables aux énergies non renouvelables s'avère par conséquent une chimère, sauf à faire *a priori* confiance en l'invention de procédés de stockage d'une capacité très supérieure aux accumulateurs et batteries actuels, ceci tout en diminuant la consommation de nickel et de métaux déjà rares. À cela il convient d'ajouter une consommation croissante d'électricité, résultant notamment du stockage des *data* informatiques et du passage, pour les véhicules individuels, du thermique à l'électrique, ceci se traduisant par un rallongement du circuit énergétique et donc par une réduction du rendement final de l'énergie extraite de l'écorce terrestre sous forme de pétrole ou de gaz.

Ce préjugé favorable aux énergies dites renouvelables conduit donc à une sous-estimation systématique des effets négatifs des

---

[S.] Fabien Bouglé, *Éoliennes, la face noire de la transition écologique,* Éditions du Rocher, 2019.

éoliennes sur le plan humain et environnemental ainsi qu'à une mise à l'écart des voix qui se font entendre afin de les dénoncer, qu'il s'agisse d'associations de riverains ou de défenseurs de la nature, *a fortiori* de militants réputés « violents ».

Se trouvent de la sorte sous-estimés, voire ignorés :

– les nuisances sonores résultant de la rotation des pales, et notamment l'effet des infrasons émis par l'engin et les troubles neurologiques résultant, pour les riverains, à la fois de ce bruit et du spectacle, totalement en décalage avec l'environnement naturel, de la rotation des pales,

– les effets sur la faune, et notamment sur les oiseaux et les chauves-souris, y compris pour des espèces reconnues par ailleurs comme étant en péril d'extinction, certains parcs d'éoliennes ayant été construits en toute illégalité sur des espaces pourtant protégés, ou classés Natura 2000 par l'Union européenne,

– la destruction des paysages, y compris l'environnement de sites classés, le facteur esthétique ou culturel n'étant pratiquement pas pris en considération.

L'implantation d'éoliennes bénéficie ainsi de conditions administratives dérogatoires par rapport au droit commun portant sur la défense de l'environnement, et ces conditions n'ont cessé de s'alléger depuis une dizaine d'années. Cet allégement aboutit à des pratiques peu recommandables et qui ont été à plusieurs reprises dénoncées par la presse : intéressement financier des maires à la construction d'un parc éolien sur le territoire de leur commune, absence de prise en compte des protestations des riverains, promesses d'une manne financière aux propriétaires des terres où seront implantées les éoliennes. De telles pratiques s'expliquent par l'intérêt financier que représente l'implantation d'éoliennes, tant pour ceux qui les construisent que pour ceux qui les exploitent. Cet intérêt financier, on le sait, repose sur le prix exigé d'EDF pour l'achat imposé des kilowattheures d'origine éolienne.

Ce caractère financièrement attractif de l'énergie éolienne pour les investisseurs, moyennant des règles de rachat rapidement changeantes et assez obscures, en tout cas totalement artificielles, assorties désormais d'une garantie pour toute la durée de vie du projet, explique évidemment l'intérêt qu'y portent les grands groupes fournisseurs d'énergie, Engie et Total, devenu TotalEnergies. Cet intérêt justifie de leur part une action auprès de l'opinion publique afin de justifier le développement de l'énergie éolienne ainsi qu'un lobbying actif auprès des pouvoirs publics, sur lesquels, compte tenu de l'idéologie qui les anime, il n'est pas besoin de faire pression d'une façon excessivement forte pour susciter de leur part un soutien très actif.

On notera, face à ce lobbying, la molle attitude des associations qui devraient théoriquement défendre l'environnement. Les « Verts », pour nombre d'entre eux, se trouvent en effet prioritairement opposés à l'énergie nucléaire. Ceci les conduit à préconiser l'éolien comme source alternative d'énergie. C'est ainsi, selon Fabien Bouglé, que Greenpeace aurait créé une société commerciale, Greenpeace Energy, qui serait propriétaire de centrales éoliennes et partenaire de la société danoise Vesta, leader mondial de la fabrication d'électrogénérateurs. À cela s'ajoutent, bien évidemment, au bénéfice des associations et des groupements politiques favorables à l'éolien, les soutiens financiers nécessaires à la poursuite de leurs activités. Seuls sont par ailleurs consultés par les pouvoirs publics le WWF et Greenpeace, à l'exclusion de toutes les autres associations de défense de l'environnement qui ne sont pas inconditionnellement déclarées en faveur de l'énergie éolienne.

Dans cette perspective, il apparaît ainsi clairement que les études d'impact ne visent pas à éclairer les acteurs concernés et à provoquer un débat sur le pour et le contre relatif à un projet d'implantation, mais à justifier celui-ci, conformément à la politique des pouvoirs publics et aux intérêts financiers des promoteurs et des exploitants. Il s'agit avant tout de les justifier par des arguments superficiels, voire fallacieux, tendant à taire ce qui fâche et pourrait dès lors faire capoter le projet. Quant aux prévisions concernant les effets négatifs de l'implantation d'éoliennes, elles tendent systématiquement à sous-estimer leur importance (ou à surestimer l'effet des mesures correctrices telles qu'elles sont présentées), voire à en nier la réalité. La démarche rejoint ainsi celle des « marchands de doute ».

On soulignera enfin qu'une telle démarche n'est pas nouvelle. Le développement de l'industrie, durant tout le XIXe siècle, a été acquis moyennant l'impossibilité pour les riverains de faire valoir leurs droits face aux promoteurs d'installations polluantes ou dangereuses. Les éoliennes prennent la suite des usines à gaz et l'on y trouve le même déni de l'intérêt des riverains comme des meurtrissures infligées au paysage. Depuis les débuts de la révolution industrielle, les pouvoirs publics n'auront ainsi cessé d'imposer la conception qu'ils en avaient en s'efforçant de faire juridiquement taire leurs opposants, et donc les droits du citoyen.

Entre d'une part l'intérêt économique (quantifiable) et d'autre part l'agrément (qualitatif) des paysages et la tranquillité des riverains, le choix opéré par les pouvoirs publics depuis le commencement de la révolution industrielle est donc très clair. Le cloître de Moissac faillit en son temps être détruit afin de laisser place à la voie de chemin de fer entre Toulouse et Bordeaux. Ce sont aujourd'hui l'île d'Oléron ou la montagne

Sainte-Victoire qui se trouvent saccagées ou risquent de l'être au nom du progrès.

Cette préférence représente, aux yeux du philosophe phénoménologue Michel Henry, une manifestation de ce qu'il appelle « la barbarie[29] ». Avec la science galiléenne, explique-t-il, s'est développée une vision du monde fondée sur la géométrie et qui n'a plus rien à voir avec la vie. Or, « la vie dont nous parlons ne se confond [...] pas avec l'objet d'un savoir scientifique[30] ». Le savoir scientifique traite des manifestations de la vie, en ce qu'elles peuvent être réduites à une compréhension mathématique, non de la vie elle-même en ce qu'elle a de vivant. Or, le vivant va de la nature à la culture, telle que celle-ci s'exprime à travers les arts, les préceptes éthiques et la spiritualité. La civilisation thermo-industrielle, en privilégiant la seule dimension « scientifique » et rationnelle, tend ainsi à refouler de sa démarche tout ce qui est de l'ordre de la culture et donc, à exclure le vivant. Le rejet de la culture à l'arrière-plan, le mépris à l'égard des œuvres du passé, correspondent ainsi à un rejet de la dimension vivante de l'homme et de la vie en général. D'où le peu d'importance accordé à l'écosphère, et d'une façon générale à ce qui permet la vie sur terre.

5. Tous ensemble vers l'abîme

Le paradoxe est en effet le suivant : les données relatives à l'anthropocène sont suffisamment documentées pour qu'apparaisse une urgence absolue pour l'avenir de l'humanité. Ces données, notamment depuis la Covid, sont connues de toute la population. Les effets du dérèglement climatique se font de plus en plus sentir. Les conférences internationales sur le climat

---

[29] Michel Henry, *La barbarie*, PUF, coll. Quadrige, 2014.

[30] *Op. cit.*, p. 15.

se sont multipliées. Et pourtant, rien ne se passe, ou presque. Des déclarations, des promesses de plans d'action, des mesures symboliques, mais rien qui soit de nature à aller au fond du problème. Il y a certes le poids des intérêts et l'enfermement dans une certaine vision du monde. Mais il convient pourtant d'aller plus loin. Il ne suffit pas de mettre en cause le fonctionnement des institutions, telles qu'elles sont. C'est à chacun d'entre nous que le problème est posé.

a) Comportement institutionnel et comportement personnel

Si l'on demandait aux salariés, et même aux dirigeants de TotalEnergies, ce qu'ils pensent du risque climatique, nul doute qu'ils s'y montreraient sensibles pour le plus grand nombre d'entre eux. Si on les interrogeait sur la nécessité d'agir en vue d'y remédier, ils répondraient sans doute affirmativement. Comment se fait-il alors qu'ils persistent à travailler dans une entreprise qui relève d'un secteur d'activité et qui met en œuvre une politique d'action dont les effets négatifs apparaissent aujourd'hui pleinement, quels que fussent pendant longtemps les efforts déployés pour les dissimuler ? À cette question, ainsi formulée d'une façon aussi générale, il n'y a pas de réponse unique. Ainsi essayera-t-on d'abord de distinguer différents types de comportement.

On ne saurait en premier lieu ignorer cette part de cynisme ou d'indifférence à ce qui n'est pas d'un intérêt immédiat qui anime tout être humain : savoir que ce que l'on fait n'est pas bien, mais le faire quand même. « Après moi le déluge[31] ! » Ce comportement, toutefois, cherchera à se dissimuler, par toutes

[31] Les mots « Après nous, le déluge » sont attribués à Madame de Pompadour (née Jeanne-Antoinette Poisson) qui désirait remonter le moral de Louis XV, son amant, après la bataille de Rossbach[1], en l'invitant à ne pas penser aux conséquences dramatiques de cette défaite (Wikipédia).

sortes de bonnes raisons, à la conscience même de quiconque s'y conforme : « de toute façon, seul on ne peut rien faire » (aveu d'impuissance personnelle), « il ne faut pas sombrer dans un pessimisme excessif, comme le font les collapsologues » (déni), « la technique nous offrira bien les moyens de nous en sortir » (technolâtrie). Cette cuirasse de bonne conscience permet alors de continuer d'agir comme si de rien n'était, sachant par ailleurs le coût personnel que représenterait une rupture avec ce comportement auquel on s'est habitué : perte de son emploi, peut-être, et donc de la sécurité et des avantages matériels qui y sont liés, plongée dans un avenir incertain. À cela s'ajoute la propension à remettre à demain cette décision douloureuse qu'il faudrait prendre afin d'être cohérent avec soi-même.

À cela s'ajoute la conviction, qui peut être sincèrement éprouvée, de ce que l'organisation dans laquelle on travaille n'est peut-être pas parfaite, mais qu'elle évolue dans le bon sens, conformément à l'importance qu'elle accorde de plus en plus à la responsabilité sociale de l'entreprise (RSE). Le corpus théorique déployé en ce sens par les « sciences de gestion », joint à la présentation qu'en font les services de communication interne des grandes entreprises, tend à renforcer cette impression que l'organisation contribue à « faire bouger les lignes » et que l'intéressé peut lui-même y contribuer par son action personnelle. Cette action peut ne pas être négligeable. Elle peut conduire à des résultats visibles, quoique locaux, mais qui n'en constitueraient pas moins autant de petites victoires. Un changement global de comportement de l'entreprise peut être attendu d'une multiplication de ces actions locales et de ces initiatives individuelles. Ce qui, alors, n'apparaît pas, c'est que la liberté d'expression laissée à ces initiatives locales peut n'être que le masque, rendu nécessaire par l'évolution des circonstances, d'un comportement inchangé pour l'essentiel, venant de l'organisation dans son ensemble, et ceci compte tenu des priorités que lui assignent ses dirigeants et leur tutelle financière. Or donc, ceux-ci ont toujours de bonnes raisons pour remettre à plus tard des décisions dont ils savent pourtant qu'elles seraient justifiées et qu'elles finiront de toute façon par s'imposer : « ce n'est pas le moment ». Et ce n'est, à vrai dire, jamais le moment. Par exemple, il semble clair qu'il faut en finir le plus vite possible avec les sources d'énergie non renouvelables les plus polluantes, mais que, à cause de la guerre en Ukraine et de la colère des paysans, ce n'est pas possible dans l'immédiat, ceci bien entendu sans que l'objectif ultime ait été explicitement écarté. Et donc, il faudrait agir, mais une urgence immédiate venant toujours en dissimuler une autre, plus lointaine et qui, dans l'absolu, importe pourtant davantage.

Il faut aussi tenir compte de la viscosité des systèmes institutionnels et de l'écart entre volonté personnelle, action individuelle et action collective. Une réforme se décide au sommet, dont les effets seront longs à se faire sentir à la base, quand ils n'auront pas été totalement détournés par rapport aux intentions de départ. La verticalité des grands systèmes institutionnels, publics ou privés, leur fonctionnement procédural, a en effet pour conséquence de renforcer leur inertie. Le ministre « veut », il le claironne, mais au bout de quelques années, il est obligé de constater que rien ne s'est produit, sinon beaucoup d'agitation. C'est que le fonctionnement de ces grands systèmes se fonde sur des principes qui sont d'autant plus difficiles à subvertir qu'ils échappent davantage à la conscience même de quiconque s'active à leur mise en œuvre. On y reviendra : pour les modifier, il faudrait d'abord modifier la vision du monde sur laquelle ils se fondent.

Reste un dernier problème. Il s'agit de la place accordée à la responsabilité personnelle. On notera d'abord qu'elle est souvent très réduite. L'organisation fonctionne en grande partie comme un automatisme. Cet automatisme résulte de procédures, dont la mise en œuvre est imposée sous forme de directives, voire d'algorithmes. Chacun est chargé de l'appliquer à son niveau, de sorte que la marge d'autonomie se réduit à ce qui n'a pas été prévu par les directives venues « d'en haut ». Beaucoup s'en satisfont et se contentent de faire ce qui leur est demandé. Le problème se pose lorsque ce qui est ainsi exigé de lui, ou d'elle, et qui fonde la place qu'il ou elle occupe au sein de l'organisation, entre en contradiction avec ce que lui suggère son éthique personnelle. Les exemples abondent qui montrent que le rôle de « lanceur d'alerte », aussi protégé soit-il en principe, n'est pas de tout repos. Encore faut-il accepter ce rôle avec les risques qu'il comporte. C'est pourquoi l'attitude la plus fréquente risque bien de se réduire à un conformisme prudent.

Tzvetan Todorov, dans *Face à l'extrême*[32], développe les raisons pour lesquelles un individu peut ainsi apporter son concours à une action collective qui, vue *ex post*, peut nous apparaître comme insensée, incompréhensible, inacceptable ou hautement condamnable, compte tenu des valeurs tant éthiques que morales qui nous animent. Il convient d'abord, dit-il, de tenir compte du conformisme — du conformisme des interlocuteurs qui nous entourent, de celui qui est propre au milieu social qui est le nôtre, mais aussi, et plus sûrement, de celui que nous inspirent les médias[33], nous laissant croire que ce qu'ils diffusent correspond à la fois à la vérité et à ce que « tout le monde pense ». Et c'est ainsi donc que l'on en viendra à considérer le saccage des paysages ruraux par la plantation d'éoliennes comme utile et « incontournable ». Ainsi en arrive-t-on à la « banalité du mal ». « L'explication, observe Todorov, ne

---

[32] Tzvetan Todorov, *Face à l'extrême*, Le Seuil, coll. Points essais, 1994.

[33] Michel Henry, *op. cit.*

doit pas être recherchée dans le caractère de l'individu, mais dans les caractéristiques de la société, qui impose de tels impératifs catégoriques ». L'explication sera politique et sociale, non psychologique et individuelle »[34]. Sauf à faire preuve d'une forte volonté personnelle et à prendre le risque de s'exclure de sa communauté, l'individu n'a plus d'autre issue que de se soumettre à la *vox populi* et à ceux qui la façonnent.

Todorov expose ainsi les bonnes raisons qui pourront être mises en avant par l'individu : d'abord, nier les faits. Ensuite, nier le fait de les avoir connus : « je ne savais pas ». Puis s'abriter derrière l'obligation d'avoir eu à « obéir aux ordres ». Arguer enfin de ce que « tous les autres en font autant ». On pourrait ajouter : minimiser le rôle personnel que l'on aura joué dans l'action collective. La division des rôles et la fragmentation du savoir aboutissent de la sorte à la dilution des responsabilités. Qui aura été le véritable responsable de telle catastrophe aérienne ? Ainsi se dessinent les traits d'une société totalitaire, d'un « totalitarisme doux », quelles que soient les apparences de respect des libertés dont elle se réclame. Ce n'est que longtemps après qu'apparaîtront les limites de celles-ci.

Examinons ainsi la situation du salarié — agent, cadre, collaborateur, dirigeant ou manager, peu importe — de telle grande organisation à l'activité dévastatrice pour la planète. Aura-t-il le courage, ou la capacité d'affirmation de soi qu'il lui faudrait ? Rien n'est moins sûr. Il pourrait avoir tendance à accorder sa confiance aux dirigeants plus haut placés, lui aussi a ses ambitions et espère bien être reconnu d'eux, lui aussi peut être tenté de minimiser son rôle personnel dans l'action collective à laquelle il participe et dont il perçoit bien certains au moins des aspects négatifs. Ce qui est en cause, ce n'est donc pas seulement

[34] *Op. cit.*, p.135.

son comportement personnel, c'est aussi, et d'abord, le système institutionnel dans lequel il se trouve malgré lui enfermé après avoir cru y trouver la voie de son accomplissement personnel. Ce dont il est victime, c'est du conditionnement que lui impriment le conformisme, l'attitude des dirigeants, voire l'influence des médias, autrement dit la culture environnante, dont les principes l'animent sans même qu'il s'en rende compte.

Ce système, quelles sont ses caractéristiques ? Il y en a une au moins qui domine, c'est le souci de l'efficience. Il s'agit de parvenir à la réalisation de certains objectifs, situés plus ou moins précisément dans l'avenir, conformément à certains principes fondateurs et à une visée initiale, parfois intégrée dans un « grand récit » plus ou moins exaltant et qu'il n'est pas question de remettre en question. Conformément à ces fins, le système mettra en œuvre, du mieux qu'il le peut, les moyens, humains et matériels, dont il dispose. En vue de cette mise en œuvre, il se conforme à des principes d'organisation fondés sur l'existence d'une « hiérarchie » s'exprimant par voie de directives et de procédures que les agents locaux ne doivent en aucun cas transgresser. Il y a donc ceux qui décident et ceux qui exécutent. Le taylorisme ou sa variante que représentait le stakhanovisme s'ensuivent par conséquent tout naturellement. Ne pas respecter l'ordre reçu, c'est désobéir et trahir l'idéal au service duquel l'on est supposé agir, compromettre la réalisation de ses objectifs, et c'est donc s'exclure, au moins moralement, de l'action collective, avec les conséquences plus ou moins graves qui en résultent. S'exclure de l'action collective, c'est faire acte d'une décision personnelle qui est loin d'aller de soi, c'est encourir le risque d'être qualifié de « déserteur » comme le furent les étudiants de grandes écoles et d'universités ayant, en 2022, exprimé leur désaccord avec l'esprit qui animait l'enseignement qu'ils y avaient reçu.

b) Les fondements de l'engagement humain et ses conséquences

La cohérence de la vision du monde sur laquelle se fonde la société thermo-industrielle, à défaut de sa pertinence par rapport aux contraintes que lui impose son environnement terrestre, et cela de plus en plus, exclut une évolution ou une mutation en bon ordre dont le chemin passerait par les institutions existantes. Les institutions, qu'il s'agisse de services publics ou d'organisations privées, ont d'abord pour souci leur existence même et leurs dirigeants celui de leur avenir professionnel. Or, l'un et l'autre sont trop liés aux principes qui fondent la société thermo-industrielle pour que l'on puisse imaginer que leur action puisse aller au-delà du bricolage de quelques mesures propres à gagner du temps et à faire illusion. Et donc, l'avenir dépendra très largement de l'engagement personnel de citoyens persuadés de la nécessité d'une action plus décisive, seule capable de répondre à la gravité de la situation où se trouve l'humanité, les initiatives personnelles étant susceptibles de se répondre les unes aux autres selon un phénomène de tache d'huile et prenant ainsi peu à peu l'ampleur nécessaire.

Reste, compte tenu de ce qui vient d'être dit un peu plus haut, ce qui est de nature à conditionner un tel engagement. Pierre Bayard, psychanalyste et professeur de littérature française, s'interroge sur les fondements de l'engagement dans un livre où il se demande ce qu'aurait été sa réaction[35] — indifférence, collaboration avec l'occupant ou engagement dans la résistance — s'il avait eu 20 ans en 1940. Et ce qu'il dégage de cette courageuse introspection peut être transposé à la situation actuelle : qu'est-ce qui peut motiver, dans un sens ou dans un

---

[35] Pierre Bayard, *Aurais-je été résistant ou bourreau ?* Les Éditions de Minuit, coll. Paradoxe, 2018.

autre, un jeune de 20 ans, face à l'incertitude résultant des désordres climatiques ? « Le surgissement de la personnalité potentielle, fait-il observer, est [...] souvent lié à une crise des valeurs, c'est-à-dire à une situation où il est difficile d'identifier des repères sur le plan éthique et donc de choisir les comportements appropriés [...] » Ainsi va-t-il énumérer ce que peuvent être les différents déterminants de l'action.

Tout d'abord, il y a ce qu'il appelle la « contrainte intérieure » ; celle-ci se décompose elle-même de la façon suivante :

– le désaccord idéologique avec les orientations dominantes par rapport auxquelles il s'agit de se prononcer, et donc, soit d'agir, soit de laisser faire,

– l'indignation suscitée par les comportements observés par le sujet et qui sont propres à susciter une réaction personnelle de sa part,

– l'empathie, au contraire, suscitée par les victimes de ces comportements.

En contrepoint intervient la « réticence intérieure » qui se divise elle-même en trois points (Pierre Bayard est un adepte de la pensée ternaire) :

– tout d'abord la peur, l'angoisse, voire la terreur, suscitées par les conséquences d'un tel engagement pour l'intéressé : les risques courus par les résistants, en 1940, étaient évidents ; ils sont probablement moindres aujourd'hui dans le cas d'un engagement actif contre le dérèglement climatique, mais il en va tout de même, au moins dans certains cas, de l'avenir professionnel de l'intéressé,

– la remise en cause des cadres de pensée ou du cadre de référence personnel, qu'il s'agisse des certitudes admises jusqu'alors comme allant de soi ou de la nécessité de rompre avec certaines pratiques ou certains engagements, une telle rupture nécessitant une pensée suffisamment autonome et affirmée face au conformisme ambiant,

– l'absence de créativité ou d'imagination, lorsqu'elle ne permet pas à l'intéressé d'échapper aux conditionnements dont il est l'objet ni d'anticiper ce que pourrait être l'avenir au-delà de ses préoccupations immédiates.

Reste alors à savoir ce que peut être le point de bascule dans le sens d'un engagement personnel. Ce peut être une « présence à soi » suscitée par une rencontre inopinée ou un événement inattendu qui aura marqué l'intéressé. En toute autre occasion, un tel événement n'aurait aucunement retenu l'attention de l'intéressé, mais, en certaines circonstances, il se sera agi là d'un fait qui aura suscité instantanément un basculement personnel, un renversement de perspective, l'incertitude et la peur s'effaçant alors derrière l'évidence de la nécessité d'agir, et d'agir le plus rapidement possible, quelles qu'en soient les conséquences, y compris d'y laisser sa vie. Ce qui est en cause alors, c'est l'image qu'il se fait de lui-même, de ce qu'il doit être et donc de ce qu'il doit faire, aussi graves qu'en soient les conséquences.

Bien entendu, l'engagement se heurte au sentiment d'isolement et à la crainte d'être seul à penser ainsi ; ensuite vient la conscience des difficultés à surmonter, la crainte de se fourvoyer. Le risque est alors celui de l'acte manqué et de la mauvaise conscience qui en résulte et contre lequel on cherchera à échapper par le divertissement. Ce n'est que petit à petit que l'engagement prend forme dans une action collective, ceci en s'associant à d'autres initiatives. Prenons ainsi le manifeste des étudiants diplômés d'Agro ParisTech, présenté un peu plus loin : il ne s'agissait pas d'un acte solitaire, mais d'une initiative collective, d'un acte partagé, initiant peut-être un mouvement plus large, celui-ci rejoignant notamment la démarche similaire des étudiants de l'École polytechnique. Une telle forme d'action ne va donc pas de haut en bas, de ceux qui s'estiment informés à ceux qui le seraient moins ou qui ne le seraient pas, de ceux ou celles qui disposent d'une autorité conférée par une institution, qu'il s'agisse d'une institution éducative (une école), d'une institution à vocation économique (une entreprise), d'une institution à vocation politique (un parti politique) ou d'une institution à vocation religieuse (une église) sur une multitude plus ou moins ignorante qu'il s'agirait de rallier au point de vue « éclairé » venu « d'en haut ».

Il ne faut donc pas se méprendre sur les conséquences potentielles d'une multiplication des formes d'engagement suscitées par le dérèglement climatique sur l'architecture et le fonctionnement de la société thermo-industrielle. Ce qui semblait aller de soi en vient à paraître vieux, ce qui paraissait marginal ou négligeable en vient à former la norme qui finira par paraître aller de soi. De vieilles structures s'efforcent de justifier leur existence devenue plus ou moins inutile, tout en s'isolant d'un monde qui peu à peu leur devient étranger ; d'autres se créent ou prennent une importance nouvelle. Le bouleversement touche ainsi à la fois les idées et les institutions. Mais dans la mesure où il se fonde sur des circonstances et sur des initiatives imprévisibles, il n'est pas possible de prévoir les formes non plus que le tempo qu'il prendra ni sur quoi il débouchera.

6. Penser à l'envers et sortir du cadre

Notre façon de penser le sens de notre existence, le dessein qui nous semble être celui l'humanité, notre rapport avec le monde non humain, vivant et non vivant, prend place dans une vision du monde dont nous ne prenons généralement pas conscience. Cette vision du monde présente deux caractéristiques. La première, c'est que, étant inconsciente, elle se présente *a priori* comme naturelle et universelle. Elle se définit comme la totalité de ce qui existe en tant qu'objet et de ce qui peut être pensé en tant qu'objet de pensée. Cette totalité se présente donc comme une ontologie et comme une épistémologie. Rien ne saurait y échapper. La seconde caractéristique de cette vision du monde, c'est qu'elle est le résultat d'un processus historique. Elle résume et intègre en elle-même ce que furent des modes de vie et des façons de comprendre la vie qui nous ont précédés, qu'il s'agisse de gestes quotidiens ou d'efforts pour en appréhender le sens. Cette vision du monde se transforme donc en permanence, au fur et à mesure qu'elle s'enrichit de nouveaux développements ou se déleste de certaines parties d'elle-même tombées en désuétude ou qui ont sombré dans l'oubli.

Elle représente ainsi une totalité, souvent parcourue de contradictions, mais qui ont en commun d'être intelligibles les unes par rapport aux autres et de se fonder sur un commun paradigme. Le patron et le salarié se chamaillent sur le prix du travail, mais c'est parce que « prix » et » travail » ont pour l'un et pour l'autre une signification identique. Il est rare que des éléments nouveaux viennent à s'insérer dans la vision du monde qui forme ainsi le ciment d'une collectivité humaine plus ou moins étendue. De tels éléments nouveaux interviennent toutefois dans le cours du temps et forment autant d'événements qui conduisent à une réorganisation en profondeur de la vision du monde. Ce peut être l'introduction d'une sagesse nouvelle venant répondre à une progression du désarroi, une façon différente de se figurer l'ordre de l'univers et son esthétique, une hypothèse scientifique tendant à rendre caduques les hypothèses précédentes. Quoi qu'il en soit, il lui faudra nécessairement quelque temps afin de s'établir, de s'intégrer et de passer du statut de nouveauté discutable, voire condamnable selon les normes reconnues, à celui d'évidence, ceci au point que l'on n'y pense plus parce que finalement cela « va de soi ».

Notre pensée et notre agir s'inscrivent donc dans cet ordre du monde comme dans un bain nourricier, mais c'est aussi un cadre limité à notre insu et qui nous empêche de considérer qu'il pourrait en être autrement, qu'il s'agisse des choses que nous croyons pouvoir distinguer ou de notre façon de les penser. Pour employer une terminologie empruntée à Heidegger et son *Acheminement vers la parole*[36], la vision du monde qui est la nôtre est notre village, hors duquel il n'y a que le chaos dangereux et inconnu de la profonde forêt[37].

C'est pourtant dans cette profonde forêt que gisent les éléments qui pourront s'intégrer à la vision du monde qui anime le village, voire la subvertir — ceci dangereusement aux yeux de certains de ses habitants. Qui ose s'y risquer, s'échappant ainsi de la chaude sécurité du village, s'y trouve environné, dans une sorte de clair-obscur, de choses informes, ou d'ombres fugitives, qui surgissent çà et là sans qu'il sache pourquoi ni comment, dont il ne discerne pas les limites et qu'il ne saurait décrire ni même nommer. C'est qu'il ne s'agit pas encore d'objets, mais de vagues impressions sans durée ni dimensions. Il n'y a pas non plus de mots qui pourraient exprimer l'être-là ainsi frôlé. Ces mots, il va falloir les inventer, de même qu'il va falloir donner des limites à ce qu'ils en viennent ainsi à désigner. L'objet va donc se construire par la parole, et cette parole va venir s'intégrer à un discours déjà existant qui, de place en place, en sera transformé. Ce sera peut-être une transformation mineure et qui ne se fait

---

[36] Martin Heidegger, *Acheminement vers la parole*, tr. fr., Gallimard, coll. Tel, 2016.

[37] Hubert Landier, *Dans la forêt profonde*, Plastir, septembre 2022, commentaire et illustrations de Mariana Thieriot.

sentir que très peu comme ce peut être un bouleversement de tout ce qui, au sein du village, avait été vu, cru et dit.

Et c'est pourquoi le voyageur, revenu du clair-obscur de la profonde forêt au lieu d'où il était parti, ne sera peut-être ni bien compris ni même bien reçu. Ce village qui était son village aura cessé d'être son village. C'est qu'il dérange : il dérange les habitudes, les intérêts, le confort de ce qui semblait aller de soi dans une vie lisse et bien ordonnée. Ce que les villageois se refusent de comprendre, c'est que le dit du voyageur n'est pas un discours de son invention et qu'il ne fait que nommer ce qui est apparu à ses yeux et dont il ne peut nier l'existence, en lequel il a seulement essayé de mettre en ordre ce qui lui apparaissait dans la pénombre, s'inspirant pour cela de ce qu'il croyait déjà savoir, mais en même temps rejetant ce savoir comme un obstacle à la contemplation de ce qui s'offrait à sa vue dans son absolue nouveauté. Et donc, revenu à ce qui avait été son village, il n'est pas certain qu'il puisse y demeurer, et il lui faudra alors s'en aller — seul — dans l'espoir de fonder un autre village, quelque part plus loin, dans une autre clairière de la vaste forêt.

Sans doute nous trouvons-nous dans l'un de ces moments où le village humain se trouve ébranlé dans ses fondements par l'abondance de ce qui lui parvient venant de la forêt qui l'entoure : réchauffement climatique, pestilence des déchets, épidémies mortifères, incendies, inondations, tremblements de terre, empoisonnements, calamités de toutes sortes. Ces calamités, il ne lui est pas possible de les interpréter dans le cadre étroit de ce qu'il croyait déjà savoir. Il lui faut abandonner beaucoup de certitudes qui l'empêchent de comprendre ce à quoi il se trouve désormais confronté. Ces certitudes, qui fondaient le cadre supposé immuable de sa pensée, ont par ailleurs été décrites[38]. Ce sont notamment :

– l'idée d'une flèche du temps homogène, continue, s'élevant dans le sens d'un « progrès » de l'humanité,

– l'identification du « progrès » à l'accumulation des connaissances scientifiques et des artefacts technologiques qui en sont issus, ceci sans considération pour les autres dimensions de la culture (artistique, esthétique, éthique, spirituelle) dont la cohérence constitue la substance d'une civilisation,

– la conviction que l'aptitude de la civilisation techno-industrielle à développer ces progrès scientifiques et technologiques lui confère une supériorité en soi par rapport aux autres civilisations ayant existé ou qui subsistent encore en dehors d'elle,

– la croyance en son universalité et en sa capacité à subsumer ainsi l'histoire de l'humanité,

– le postulat de principe selon lequel l'être humain serait, pour une partie de lui-même, extérieur à la réalité terrestre et matérielle, lui donnant ainsi sur celle-ci un droit d'usage exclusif et indéfini,

– la distinction qui en résulte entre le sujet humain et l'objet par rapport auquel il serait ainsi extérieur.

Ce sont ces postulats, et sans doute quelques autres, qui fondent la vision du monde où prennent place nos pensées et notre agir. Voici peu encore, ils semblaient aller de soi. Ils semblaient assurer une cohérence satisfaisante entre notre dire et ce qu'il désignait. Il constituait un vecteur plausible de ce qui nous paraissait être le dessein de l'humanité. Or, voici que, au-delà des discussions et des polémiques qui y trouvaient place sur un fond de consensus à un niveau plus profond, des brisures se

[38] Éric Carrey et Hubert Landier, *Après la guerre contre la Covid, de l'économie financière à l'entrepreneuriat social*, L'Harmattan, 2021.

sont progressivement dessinées dans la matière lisse de ce corpus. Ce n'étaient au départ que quelques fissures, puis elles se sont transformées en failles de plus en plus béantes. Ces failles, on les connaît :

1. la prospérité croissante qui donnait sa légitimité à notre dire et qui constituait l'objet de toute notre attention, au point de reléguer au second plan l'art, l'esthétique, l'éthique et la spiritualité, semble avoir laissé place à une sorte de stagnation, voire de décomposition, comme l'entropie s'oppose à la néguentropie. Les autorités publiques qui en avaient la charge ont dû progressivement reconnaître que la croissance économique avait laissé place à une telle stagnation, certes conçue comme provisoire et qu'il ne s'agit pas encore de qualifier de « décroissance ». Le rêve de la mondialisation heureuse laisse place à de multiples déconvenues. Le progrès apparaît comme étant de plus en plus porteur d'illusions et d'inégalités inacceptables ; l'écart va croissant entre une très petite partie de l'humanité, qui y trouve pleinement son compte et s'efforce de maintenir un état des choses qui lui est favorable, et la plus grande partie, pour laquelle « le bonheur pour tous » se révèle une chimère.

2. En même temps se multiplient les signes d'une sorte d'explosion de ce grand dessein de la mondialisation. Les désordres climatiques laissaient planer, d'une façon croissante avec les années, l'hypothèse d'un réchauffement rendant hypothétique la survie même de l'humanité. Ceci se savait — même si ce risque semblait lointain. Puis est venue la pandémie totalement inattendue, sinon d'un petit nombre de spécialistes, de la Covid-19. La preuve était administrée de la possibilité d'une calamité d'importance planétaire. Ce fut ensuite, alors même que s'accroissait l'urgence climatique, la guerre en Ukraine, désorganisant les réseaux d'approvisionnement sur lesquels

reposait la mondialisation, et donc mettant en péril les fondements mêmes de l'ordre thermo-industriel. Les principaux périls dénombrés dans notre précédent ouvrage auront donc cessé de n'être que des hypothèses. Ce qui apparaît ainsi, c'est que la « mondialisation heureuse » appartient de plus en plus au passé. Mais avec sa disparition disparaît aussi le crédit accordé au grand récit qui la fondait et justifiait les efforts exigés afin d'accéder aux lendemains qui chantent.

7. L'avenir imprédictible

La prospective, en tant que discipline, se donne pour objet d'éclairer l'avenir. Elle fait appel, à cet effet, à différentes techniques visant à discerner ce qui est probable, moins probable ou très improbable, ce qui est possible ou tout simplement impossible. La prospective élabore ainsi des scénarios alternatifs fondés sur la combinaison entre différentes variables. Encore faut-il que ces variables soient connues et que leur importance ait été repérée, d'une part, et, d'autre part, que l'évolution propre à chacune d'entre elles puisse faire l'objet d'une estimation et que l'effet de la combinaison entre ces variables à l'intérieur du système puisse lui-même faire l'objet d'une évaluation. Quand le système est relativement simple et que l'horizon de la recherche se situe dans le court terme, les avenirs possibles peuvent être relativement circonscrits ; mais plus le système est complexe et plus l'horizon est large, plus le résultat de la réflexion sera incertain.

Deux obstacles s'opposent ainsi à une prévision portant sur le devenir du vaste système que constitue l'humanité dans son contexte planétaire. Le premier est d'ordre institutionnel. Il porte sur le rôle attendu du prospectiviste par l'institution au sein de laquelle, ou au nom de laquelle, il s'exprime. Le service de prospective d'une grande entreprise se penchera sur l'avenir de celle-ci, et sur celui de ses différentes activités, moyennant certaines circonstances, favorables ou défavorables à sa survie et à son développement. Il s'exprimera, autrement dit, à partir de l'existant et en tenant compte des mobiles susceptibles d'animer les différents acteurs concernés, « toutes choses égales par ailleurs ». Mais que faire s'il n'est pas absolument certain qu'elles resteront telles, et même qu'il est hautement probable qu'elles laisseront place à quelque chose de nouveau ?

Si ce nouveau est concevable, il n'y a pas de problème pour imaginer ses effets, mais encore faut-il qu'il le soit. L'exercice de prospective prend place en effet dans le cadre de ce qui paraît collectivement susceptible d'être pensé et exprimé. Il ne peut prendre en compte ce qui se situe comme extérieur à la vision du monde, telle qu'elle est partagée à un moment donné par la collectivité au sein de laquelle il cherche à se faire entendre. Son point de vue s'exprime conformément à ce qui importe et constitue un objet de pensée au sein du village. Il exclut ce qui pourrait venir de la profonde forêt alentour, qui pour lui n'a pas d'existence. Les ombres qu'en ramène le voyageur n'ont pas encore de nom, elles ne forment pas encore un objet reconnu en tant qu'objet. Comme telles, elles n'ont pas d'importance aux yeux des habitants du village, ceci alors même qu'elles en conditionnent peut-être l'avenir. Le prospectiviste du village, autrement dit, risque d'exercer son art dans le cadre du même, ignorant le tout autre, qu'il est dans l'incapacité de concevoir faute de pouvoir imaginer autre chose que ce qui pour lui va de soi.

Il a été dit plus haut en quoi l'humanité contemporaine, pour autant qu'elle se reconnaît dans la civilisation thermo-industrielle, a les plus grandes difficultés à imaginer autre chose qu'elle-même et se trouve ainsi enfermée dans la reproduction de ce qu'elle est dans la mesure où elle croit au « progrès » et méprise par avance tout ce qui n'irait pas dans le sens de ce progrès. Tout effort de prospective s'inscrit ainsi dans le cadre de la taxinomie et de l'axiologie reconnues comme telles et acceptables au moment où il rend ses conclusions. D'où le caractère désespérément conventionnel de nombre de travaux qui en résultent et qui ne sauraient, volontairement ou non, surprendre, encore moins choquer, leurs commanditaires.

Si donc la perception de l'avenir se conçoit ainsi dans le cadre d'un « changement de type 1 », pour reprendre l'expression de Paul Watzlawick[39], comment donc se situer face à un changement qui serait de « type 2 », qui autrement dit aurait pour effet de modifier durablement le système dans son organisation interne et ce, d'une façon irréversible ? Comment, autrement dit, faire face à ce qui paraît être une bifurcation de l'humanité, au sens de Prigogine[40], du vivant et du système terrestre ?

Imaginons ainsi — pur objet de l'imagination — un monde dans lequel la flèche du temps serait privée de toute signification, où le dire économique, en tant que champ propre de spéculation, aurait perdu toute apparence de pertinence, où le savoir scientifique serait subordonné à la recherche artistique ou spirituelle, où l'objectivité dite scientifique devrait s'incliner devant l'être subjectif, voire même, où la ligne droite, en tant qu'objet de pensée, aurait cessé d'exister, où l'on aurait de même cessé d'affirmer que la Terre tourne autour du Soleil, mais qu'elle se meut droit devant elle dans un espace courbe, qu'aurait à dire la prospective ? Deux attitudes s'offrent ainsi à la réflexion au seuil de ce que pourrait être une telle mutation.

---

[39] Paul Watzlawick, *Confusion, désinformation, communication,* 1978, collection Points, 1984.

[40] Ilya Prigogine et Isabelle Stengers, *La Nouvelle Alliance*, Gallimard, 1986.

La première consisterait à accepter le fait de se reconnaître impuissant. Elle consisterait à s'en tenir au destin, fût-il le plus sombre pour l'avenir de l'humanité. C'est, en vis-à-vis du déni des uns, l'attitude de nombre de collapsologues. La seconde attitude possible consiste à examiner ce qui peut être entrepris, collectivement, et d'abord personnellement, afin d'échapper à ce sombre destin. À défaut de savoir à quoi pourrait ressembler l'avenir, sinon pour affirmer que les désordres climatiques risquent de se faire définitivement et de plus en plus fortement sentir, il est alors permis de dire ce qu'il ne pourra pas être et d'énoncer ce qui doit par avance être exclu :

– une consommation durable d'énergies supérieure à l'apport solaire,

– une extraction excessive de matériaux (métaux, terres rares),

– la poursuite du déversement de déchets nuisibles à l'environnement physique et vivant,

– la production d'artefacts d'une utilité douteuse au détriment de la valeur qui devrait être portée aux activités de soin et de préservation de l'existant,

– le maintien, dans les rapports humains, de la conception économique de la valeur, telle qu'elle s'impose actuellement.

Affirmer tout cela, c'est évidemment se situer, dira-t-on, dans l'ordre de « l'immédiatement impossible ». Ce à quoi il est possible d'opposer deux idées. La première, c'est que ce qui peut paraître « immédiatement impossible » peut ne pas l'être dès lors que l'on accepte de s'échapper d'une vision du monde fondée sur la reproduction du même et l'incapacité à concevoir autre chose que ce qui paraît normal à notre regard d'Occidentaux convaincus d'être détenteurs du vrai et du bien. La seconde idée, c'est qu'une telle transformation peut n'être pas immédiate, qu'elle peut être insensible et qu'elle est peut-être même déjà en cours. Autrement dit, elle nous échapperait dans la mesure même où elle porterait sur des réalités extérieures à notre taxinomie et à notre axiologie.

Le parti pris de ce livre consiste à se préparer à l'imprévisible, à ce qui sort du champ de vision qui est aujourd'hui le nôtre. Nous sommes partis de l'idée de valeur. Nous avons montré en quoi ce qui a pour nous de la valeur ou non constitue un jugement qui est lié à une certaine axiologie. Celle-ci tend aujourd'hui à privilégier la production d'artefacts toujours plus perfectionnés, supposés répondre à l'idée de progrès et aux besoins supposés des communautés humaines et des individus qui les constituent, ceci au détriment du soin qui pourrait être porté à la personne, au groupe humain, à l'humanité et à l'écosphère dans son ensemble. C'est sur ce que pourrait être une telle attention apportée au soin que portera donc notre réflexion.

DEUXIÈME PARTIE.

L'ÉCONOMIE DU SOIN

Comme on l'aura compris, il nous semble que passer d'une économie de la production à une économie du soin appelle un changement complet de regard. L'Occident, depuis deux siècles, s'est appliqué à changer le monde, imposant sa démarche au reste de la planète. Agissant en tant que « maître et possesseur de la nature », se posant comme extérieur à ce qu'elle est en tant qu'être, il a voulu la mettre à son service et reconstruire la réalité conformément à ce qu'il croit qu'elle doit être. Pourtant, le réel est plus vaste que la compréhension qu'en a l'homme occidental. Il en résulte que toute action humaine se traduit par des conséquences qu'il n'avait ni voulues ni prévues. Ce que nous entendons par « économie » en formule, à sa façon, les aspects souhaitables. Mais elle laisse dans l'obscurité les aspects imprévus, et notamment les plus dommageables. Nous en sommes là.

Il nous faut donc admettre que la démarche qui nous porte implicitement, compte tenu de ses effets finalement mortifères, doit laisser place à une vision du monde différente. Cette vision existe déjà et la civilisation techno-industrielle n'a fait que s'en éloigner. Elle consiste à considérer que l'humanité n'est qu'un phénomène contingent enchâssé dans l'être du monde, alors que nous nous imaginons l'être du monde comme étant sous la dépendance de la raison qui nous anime[41]. Il nous faut, autrement dit, respecter l'être du monde, nous y soumettre, et non pas chercher seulement à le transformer selon notre entendement. Il nous faut, autrement dit, prendre soin de la planète, prendre soin du vivant, prendre soin de l'humanité elle-même, et prendre soin, enfin, de chacun d'entre nous.

C'est cette démarche qui, implicitement, anime la philosophie du « Care ». Celle-ci fera donc l'objet d'une présentation très complète, cette présentation étant nécessaire pour ouvrir sur les initiatives concrètes qu'elle appelle. Ces initiatives sont de toutes natures. Un panorama complet eût excédé largement les limites de cet ouvrage. C'est pourquoi la présentation qui en sera faite un peu plus loin se limite volontairement à quelques-unes des initiatives que d'ores et déjà elle suscite, quel qu'en soit l'habillage institutionnel : « entrepreneuriat social » ou « économie sociale et solidaire », notamment.

[41] Telle est la démarche entamée par Martin Heidegger. Pour une présentation complète, cf. Joël Balazut, *Le fondement métaphysique de la civilisation technicienne*, L'Harmattan, 2020.

I.

Les origines et évolutions de la théorie du CARE

Parce que les mots ont un sens et que les démarches de modélisation ont des racines, l'économie du soin ne peut se comprendre que si nous prenons d'abord la véritable mesure de la façon dont a été construite la pensée économiste classique. Ensuite, nous montrerons que cette approche économique a été remise en cause par diverses écoles économiques et nous illustrerons cette remise en cause au travers du jeu du dictateur et des conclusions associées.

Ces remises en cause de la pensée économique classique ont, pour certaines, débouché sur une adaptation de cette pensée, mais la théorie du Care a complètement réécrit l'utilité de la démarche au sens smithien du terme. En reprenant l'origine de la théorie du Care, et au-delà de la difficulté de traduction et des diverses interprétations de cette théorie, cela nous permettra de construire et d'exposer notre définition personnelle du terme *économie du soin*.

1. Les fondamentaux de l'homo œconomicus

Comme indiqué dans notre introduction générale, la pensée des économistes classiques des XVIIIe et XIXe siècles, tels qu'Adam Smith, David Ricardo ou John Stuart Mill, repose sur deux hypothèses centrales du comportement humain : l'hypothèse de rationalité et l'existence de préférences égoïstes.

La rationalité implique que l'individu évalue et choisit les actions qui satisfont au mieux ses préférences. L'hypothèse associée à l'égoïsme traduit le fait que les préférences des individus sont amorales au sens où ceux-ci ne se préoccupent pas des gains ou comportements d'autrui tant que cela n'a aucun impact sur leur niveau de bien-être. La science économique moderne s'est ainsi constituée en séparant le comportement de l'homme dans la vie économique de l'approche morale et en considérant que les motivations de l'homme dans ses décisions économiques sont essentiellement de nature hédoniste et utilitariste. Les rapports marchands ne sont généralement pas réglés par l'amour du prochain. Ainsi, Adam Smith nous conseillait de ne pas trop miser sur la sympathie qui nous lie au boulanger ou au boucher pour nous nourrir, mais de miser plutôt sur leur intérêt bien compris.

À la fin du XIXe siècle, Léon Walras, Stanley Jevons et Vilfredo Pareto reprennent ses hypothèses et excluent de leur analyse tout ce qui relève du comportement social collectif, du don, du sens de la justice, etc. Ils entérinent une vision universaliste et bien sûr réductrice du comportement humain en définissant l'*homo economicus*[42]. Au moment où la physique

---

[42] L'origine de cette expression est incertaine. On la trouve chez Pareto en 1906, mais elle a peut-être été employée auparavant. Il semble qu'elle soit née dans la deuxième moitié du XIXe siècle sous la plume de John Stuart Mill peu avant sa mort.

newtonienne se développe, une économie formelle universelle est née et un nom est donné à son principal acteur.

L'*homo economicus*, véritable être « rationnel », participe à la vie économique en vue de maximiser son bien-être et gère les ressources dont il dispose dans le seul but de maximiser son utilité globale. Désireux de ne pas perdre le lecteur sur un point de représentation mathématique, nous nous contenterons à ce stade de préciser que le raisonnement en termes d'utilité est facile à représenter mathématiquement puisqu'il suffit d'une lettre, U par exemple. En revanche, nous n'entrerons pas dans la notion du contenu — satisfaction, bien-être, bien-vivre, contentement, bonheur, etc. —, parfois réduit à la seule partie mesurable en monnaie — gain, revenu, patrimoine.

Retenons donc que c'est par l'intermédiaire de cette utilité globale que sont prises en compte les influences éventuelles des normes, des conventions sociales ou des traditions. Selon Gary Becker, économiste américain, professeur à l'université de Chicago, la démarche qui caractérise l'*homo economicus* est « applicable à tous les comportements humains, que ces comportements impliquent [...] des décisions importantes ou mineures, des personnes riches ou pauvres, des adultes ou des enfants, des personnes stupides ou intelligentes, des médecins ou des malades, des hommes politiques ou d'affaires, des enseignants ou des étudiants[43] ».

Mais depuis une trentaine d'années, la figure de l'*homo economicus* a énormément été questionnée. Comme l'écrit l'économiste tchèque Tomáš Sedláček : « Qu'une mère ne soigne pas son enfant, et l'économiste dira astucieusement : la mère ne

[43] Dans *The Economic Approach to Human Behaviour*, The University of Chicago Press, 1976, traduit et cité par Nicolas Bouzou dans *Les mécanismes du marché*, Bréal, 2006.

l'a pas soigné parce qu'elle obtient une utilité en ne soignant pas son enfant[44] ». L'utilité joue alors le rôle du poumon dans *Le Malade imaginaire*, la justification non vérifiable de l'affirmation proférée par « l'homme de science ». Et Tomáš Sedláček de conclure : « La fierté des économistes, le fait que le modèle de l'*homo œconomicus* inclue toutes les possibilités et puisse donc tout expliquer, devrait en réalité être leur plus grand sujet de honte. Si nous pouvons tout expliquer d'un mot ou d'un principe dont nous ne connaissons pas la signification, nous devrions nous demander ce que nous expliquons en réalité[45]. »

La critique s'est développée aussi sur un autre terrain. Ainsi, Albert Hirschman s'est interrogé afin de savoir si les choix sont guidés par le calcul rationnel ou influencés, voire dictés, par d'autres critères, comme la pression sociale, l'envie, l'éducation, les croyances, etc. Selon lui : « Les dégâts causés par "l'approche économique", fondée sur le modèle traditionnel de l'intérêt particulier [...] sont dus à un modèle beaucoup trop simpliste du comportement humain en général. Ce qu'il faudrait, c'est que les économistes incorporent à leur analyse, quand c'est indiqué, des émotions et des traits fondamentaux tels que le désir de pouvoir et de sacrifice, la peur de s'ennuyer, le plaisir et de l'engagement et de l'inattendu, la recherche de sens et de solidarité[46], etc. ».

Cette critique se rapproche de celle de Keynes qui, en 1937, l'année suivant la parution de *La théorie générale de l'emploi, de l'intérêt et de la monnaie*, écrit à son collaborateur Roy Harrod :

---

[44] *Le crépuscule de l'Homo œconomicus* [« Soumrak Homo Economicus »], Paris, Exils, 2012, 75 p. coécrit avec David Orrell.

[45] L'économie du bien et du mal : la quête du sens économique [« Ekonomie dobra a zla:po stopách lidského tázání od Gilgameše po finanční krizi »] (trad. du tchèque), Paris, Eyrolles, 2013, 381 p.

[46] Dans *L'économie comme science morale et politique*, traduction Pierre Andler *et al.*, Gallimard/Le Seuil, 1984, page 107

« Je veux aussi insister fortement sur l'idée que l'économie est une science morale. J'ai déjà indiqué qu'elle traite d'introspection et de valeurs. J'aurais pu ajouter qu'elle traite des motivations, des anticipations, des incertitudes psychologiques[47]. »

Ce sont ces pistes que vont suivre les penseurs de l'économie expérimentale et de l'économie comportementale. Selon les chantres de l'économie comportementale, il est possible d'intégrer les émotions dans la fonction d'utilité individuelle sans remettre en cause les principes fondateurs de la théorie, à savoir la rationalité, la recherche de l'intérêt individuel et le principe de maximisation. L'introduction du domaine du sensible en économie est cependant porteuse d'une refondation plus substantielle de la théorie économique que celle que l'on pouvait anticiper initialement. Le rôle des émotions dans l'apparition de l'altruisme illustre ainsi cette nécessaire refondation.

Pour s'en convaincre autant que pour en mesurer les effets, il suffit de jouer au jeu du dictateur, tout comme dans notre précédent ouvrage nous avions fait référence à la théorie des jeux.

2. La remise en question au travers du jeu du dictateur

Le jeu du dictateur est proposé à deux participants, l'un d'entre eux disposant d'une somme, par exemple vingt dollars sous la forme de vingt billets, qu'il doit « partager » à sa convenance avec l'autre sujet de l'expérience, appelé le « receveur ». Comme l'explique particulièrement bien Emmanuel Petit[48], ce jeu est un jeu économique expérimental de

[47] Lettre citée par Gilles Dostaler dans *Keynes et ses combats*, Albin Michel, 2009, page 153.

[48] Petit, Emmanuel, et Sébastien Rouillon. « La négociation : les enseignements du jeu du dictateur », *Négociations*, vol. 14, n° 2, 2010, pp. 71-95.

négociation. Il a été initialement utilisé par Forsythe, Horowitz, Savin et Sefton, en 1994, de façon à mettre en évidence le comportement pro-social altruiste de l'un des acteurs de la négociation. Son intérêt spécifique consiste à étudier une situation extrême dans laquelle l'un des partenaires (le receveur) dispose d'un pouvoir de négociation *a priori* très réduit tandis que l'autre (l'offreur) est en mesure d'imposer ses vues. Le jeu du dictateur est une variante du jeu de négociation proposé par Güth, Schmittberger et Schwarze (1982) appelé « l'ultimatum ».

En économie expérimentale, l'intérêt du jeu du dictateur est d'évaluer les conditions d'émergence de l'altruisme chez l'individu lors du processus de négociation. Dans le jeu, l'offreur n'a pas à craindre, en effet, le rejet de sa proposition. Par conséquent, une offre non nulle ne peut correspondre qu'à un véritable motif altruiste. Par construction de la relation, tout autre motif stratégique, en particulier la peur du rejet de l'offre, a été évacué.

Conformément à la théorie de l'*homo economicus*, un individu rationnel conserve logiquement et sans aucun scrupule la totalité du montant. C'est bien ce que font en laboratoire environ la moitié des participants. Dans la plupart des expériences, cependant, une majorité « anonyme » octroie une somme positive au receveur. En effet, dans une étude parue en 2001[49], il est observé nettement trois profils de joueurs : les égoïstes qui conservent l'intégralité de la somme à partager (50 %), les joueurs équitables qui offrent la moitié de la somme (25 %) et ceux qui se situent entre ces deux comportements extrêmes (25 %). Les économistes comportementaux évoquent dans ce cadre l'existence d'un comportement altruiste ou d'une préférence pour l'équité. Le niveau de contribution moyen du

[49] Murnighan, Oesch et Pillutla, 2001.

dictateur se monte à 3,30 $, pour une somme initiale de 20 $, ce qui représente ici 16,5 % de la dotation du dictateur, mais peut atteindre assez souvent 20 % et parfois davantage dans de nombreux travaux.

Afin de comprendre les raisons pour lesquelles les individus ne se conforment pas à la solution théorique du jeu, les économistes ont multiplié les expériences dans lesquelles le contexte de la décision est modifié. Dans certains cas le dictateur connaît l'identité de son partenaire de jeu (son nom, son âge, son hobby préféré) ou alors il peut l'apercevoir, lui parler, lui écrire ou encore voir sa photo sur l'écran. Dans d'autres cas, le dictateur sait que la somme qu'on lui a attribuée est le produit de son effort, via par exemple la participation, au début du jeu, à un test de connaissance, ou alors que le receveur est méritant, ou bien qu'il est pauvre. Sans surprise, l'altruisme des joueurs change radicalement en fonction du contexte de la décision. En fonction du protocole proposé, le receveur reçoit la plus grande partie du pactole ou une petite partie seulement ou alors rien du tout.

La diversité et la sensibilité de ses résultats, la porosité entre les comportements apparemment altruistes et d'autres, délibérément opportunistes, révèlent le poids fondamental que les normes sociales ou morales jouent dans l'attitude que les individus adoptent dans un contexte d'interactions sociales. Une analyse de ces résultats montre que les comportements de don s'observent lorsque la distance sociale qui sépare le récipiendaire du dictateur est faible.

La communication, l'identification, le lien affectif, l'appartenance au groupe, la responsabilisation, l'influence sociale, l'empathie, etc., engagent ainsi volontiers les dictateurs dans une attitude altruiste. En revanche, l'anonymat, la promotion de la recherche de l'intérêt individuel, de l'effort, du mérite, de la propriété ou de la compétition déclenchent davantage un repli et un comportement égoïste. Selon la forme qui est donnée à l'environnement du joueur, impersonnel et anonyme comme c'est le cas sur un marché, ou plus personnel et convivial au sein de la famille ou entre amis, les individus sont invités à rejoindre la norme qui prévaut d'habitude dans ce contexte.

Il faut garder à l'esprit pour la suite de notre réflexion que si l'on rend le receveur plus visible, plus humain, si l'on justifie le don au regard de sa situation économique ou institutionnelle, qu'il s'agisse d'un participant nécessiteux ou d'une association humanitaire reconnue comme la Croix-Rouge, les individus adoptent plus facilement une norme de comportement altruiste conforme à ce qui est attendu dans ce type de situation.

Les premiers résultats expérimentaux indiquant l'existence d'une offre positive ont contredit les prédictions issues des modèles de la théorie des jeux. Sur le plan théorique, un agent purement rationnel maximisant ses gains devrait en effet conserver l'intégralité de la somme, quel que soit le contexte de la négociation. La forme d'altruisme révélée en laboratoire souligne donc les limites des hypothèses centrales de la théorie des jeux (rationalité, recherche de l'intérêt personnel). C'est la raison pour laquelle les résultats empiriques qui en résultent se sont ensuite accompagnés de développements théoriques dans le cadre de l'économie comportementale : il s'agit d'utiliser les données empiriques fournies par l'expérimentation de façon à développer des modèles qui soient plus en phase avec ce qu'est l'individu.

Certains penseront à ce stade que notre remise en cause de la théorie économique néoclassique est le fait de « bisounours », ou que nous sommes simplement en train de valoriser la notion d'émotion qui parfois dans les médias se limite à la recherche du sensationnel. D'autres considéreront que pour une application complète de cette démarche il faudrait que les agents économiques aient une connaissance exhaustive des conséquences de leurs choix[50]. Mais de nombreux travaux de l'économie expérimentale et de l'économie comportementale viennent appuyer cette démarche.

Dans la littérature en économie expérimentale, le comportement du dictateur qui ne conserve pas l'intégralité de la somme à partager a été identifié comme un désir d'aider les autres qui confère à l'individu altruiste un gain en termes d'utilité. Ce gain d'utilité peut provenir du plaisir lié à l'acte de donner ou de la prise en compte des gains de l'autre joueur dans la fonction d'utilité. L'existence du biais de l'expérimentateur a cependant montré que le sujet peut également faire preuve de « générosité » simplement parce qu'il se soucie du regard que les autres portent sur son choix. Le comportement du dictateur dépendrait en ce cas de la « distance sociale » qui le sépare du récipiendaire. D'autres motifs, comme la recherche d'une image favorable de soi, le désir d'être perçu comme quelqu'un d'équitable, le désir d'être aimé, le besoin de se conformer à ce qui est juste ou souhaité par la société, peuvent ainsi l'inciter à

[50] Comme Becker nous considérons que le « choix rationnel » n'implique pas la connaissance exhaustive des conséquences de ce choix. Évaluer tous les coûts et les bénéfices de ce dernier impliquerait en effet de disposer de nombreuses informations pas forcément accessibles ou connues. Vient un moment où le rassemblement de ces informations coûte plus qu'il ne rapporte. Il existe donc un seuil au-delà duquel il ne vaut plus la peine de s'informer, c'est « l'ignorance rationnelle ». Raisonnant en termes d'utilité, pas de gain, Becker estime que si une personne est très sensible aux difficultés d'autrui, elle éprouve une satisfaction à lui venir en aide mais elle n'ira pas jusqu'à se dépouiller. Loin d'être des bisounours, nous considérons que la capacité à aider est aussi fonction des revenus, si bien que les pauvres ont intérêt à ce que les riches soient riches.

une offre positive non nulle[51]. L'apparition et l'ampleur de ces différents motifs explicatifs du comportement de l'offreur dépendent notamment du contexte dans lequel s'effectue la négociation. Le contexte joue en particulier sur la pression sociale susceptible de modifier le choix du dictateur, ce que les psychologues identifient plus généralement comme les effets de l'influence sociale sur le comportement.

Ainsi, la littérature expérimentale a tiré plusieurs leçons du jeu du dictateur :

– les individus sont capables de nourrir des « préférences sociales ou morales » et d'adopter, dans certaines circonstances, des comportements prosociaux ;

– l'adoption de ces comportements dépend de l'influence sociale et, en particulier, de la norme caractéristique du contexte de la décision ;

– les émotions jouent un rôle crucial en favorisant le maintien, le respect ou la promotion des normes sociales. Dès lors, la modélisation des comportements prosociaux implique une introduction des affects dans la théorie économique qui ne se limite pas à la dimension plaisante ou déplaisante de l'émotion. Prendre en compte une définition multifacettes de l'affect, comme le suggère la psychologie moderne de l'affect, implique de modéliser le rôle de l'émotion à la fois en tant que principe de motivation, facteur déclencheur de la décision, révélateur des intentions ou des anticipations des acteurs ou encore comme un outil stratégique d'expression faciale ou comportementale.

---

[51] Voir sur l'ensemble de ces sujets les travaux d'Andreoni, 1990, Fehr et Schmidt, 1999, Bolton et Ockenfels, 2000, Hoffman, MacCabe et Smith, 1996, Murnighan *et al.*, 2001, Hoffman *et al.*, 1996, Dalbert et Umlauft, 2008, Servátka, 2009.

Prendre en compte, par ailleurs, la dépendance de la fonction d'utilité vis-à-vis du contexte de la décision implique de repenser la façon de représenter les choix individuels au moyen d'une fonction d'utilité — comme nous l'avons vu précédemment. Une conception plus large de la rationalité, associée à une définition plus étendue de l'émotion morale, en tant que mécanisme présidant à l'élaboration des normes, est ici nécessaire. Elle ouvre cependant la théorie à une conception plus ouverte du processus de décision, dans lequel l'émotion participe d'un choix raisonnable contextuel plutôt que rationnel et universel.

De même, le dictateur peut se retrouver sous influence tout comme l'économie de production va se trouver sous influence. Il sera facile au lecteur de faire un parallèle entre l'influence des réseaux sociaux sur les entreprises et l'influence du receveur sur le dictateur.

Lorsque le dictateur sait qu'il peut ressentir de la culpabilité en proposant une offre nulle ou modique à son partenaire, il a intérêt notamment à dissimuler le montant de la somme à répartir (dans le cadre de l'économie de production, cela pourrait correspondre aux bénéfices réalisés par l'entreprise). Le cas échéant, il peut tenter de limiter la colère et les reproches du receveur en formulant des excuses sincères justifiant une offre inéquitable. Il semble cependant que seule une excuse coûteuse pour le dictateur (impliquant, par exemple, une dépense réelle) soit susceptible d'attester de sa sincérité du point de vue du receveur (Ohtsubo et Watanabe, 2009). Dans le cas contraire, c'est-à-dire sans coût réel, le message porté par le dictateur ne permettra donc pas d'éviter la fronde du receveur. Dans un contexte réel, le receveur peut ainsi former des revendications clairement identifiées et communiquer pour défendre ses intérêts. Il peut également utiliser certaines techniques développées par les psychologues sociaux permettant d'obtenir librement ce que le dictateur lui aurait refusé spontanément, ce qui montre ainsi qu'un simple effet de présentation peut influencer significativement la décision du dictateur[52]. Une phrase simple ajoutée aux instructions du type « note que le receveur compte sur toi » suffit en effet à doubler le montant moyen que l'offreur est prêt à lui concéder. L'individu rationnel peut ainsi trouver les moyens d'inculquer à l'autre les ferments de la culpabilité : s'il peut être rationnel pour le passant de traverser la rue pour éviter la main tendue par le mendiant (Becker, 1996), il est tout aussi rationnel pour ce dernier de trouver un lieu où son regard sera plus insistant et culpabilisant.

Compte tenu des résultats issus du jeu du dictateur et de l'ensemble des travaux menés par l'école de l'économie comportementale et de l'économie expérimentale, personne ne peut soutenir que l'*homo economicus* se satisfait de l'organisation actuelle de l'économie de production, même si sa sensibilité n'est pas un moteur suffisant pour construire un autre modèle. C'est la raison pour laquelle il est pertinent et nécessaire de s'intéresser à l'économie du CARE.

3. La théorie du CARE

C'est la parution en 1982 du livre *In a different voice* de la psychologue américaine Carol Gilligan qui introduisit ce terme dans les débats sociétaux et politiques, devenant par là même le catalyseur des débats sur cette question[53]. Pour Carol Gilligan le *care* « se définit par un souci fondamental de bien-être d'autrui et

---

[52] Joule et Beauvois (2006). Brañas-Garzas (2007).

[53] Noël-Hureaux, Elisabeth. « Le *care* : un concept professionnel aux limites humaines ? », *Recherche en soins infirmiers*, vol. 122, n° 3, 2015, pp. 7-17.

centre le développement moral sur l'attention aux responsabilités et à la nature des rapports humains ».

Gilligan a mis en évidence l'existence d'« une voix morale différente », c'est-à-dire une façon différente de résoudre les dilemmes moraux, basée non pas sur les critères de la loi et de l'impartialité comme c'est le cas pour l'éthique de la justice, mais sur des critères relationnels et contextuels. Mais tout comme « Management Control » la traduction en français de ce concept paraît compliquée et réductrice.

La traduction la plus répandue du terme, *care* est « soin, sollicitude, prendre soin c'est-à-dire souci de l'autre au sens large, s'occuper de, proximité, se sentir concerné ». Pour le sociologue Arlie Russell Hochschild en 1983 : « Le terme, sans équivalent en français, caractérise une relation d'aide, familiale ou professionnelle ; désigne tout à la fois l'activité de soin à une personne qui en dépend et le souci de la réception de ce soin, sa singularité résidant dans cette combinaison affûtée de compétences techniques et émotionnelles. » La même année, selon Janet Finch et Dulcie Groves[54], le *care* est : « une combinaison de sentiments, d'affections et de responsabilités accompagnés d'actions qui subviennent aux besoins ou au bien-être d'un individu dans une interaction en face-à-face ». Joan Tronto en 1993, définit le *care* en tant qu'« activité générique qui comprend tout ce que nous faisons pour maintenir, perpétuer et réparer notre "monde", de sorte que nous puissions y vivre aussi bien que possible ». C'est cette définition que nous souhaitons retenir.

Pour Joan Tronto il y a quatre moments dans le *care* auxquels correspondent quatre qualités morales spécifiques : « l'attention (correspond au *caring about*), la responsabilité (correspond au

[54] Sociologues britanniques, qui éditent en 1983 un ouvrage collectif intitulé *A labour of Love : Women, Work and Caring.*

taking care of), la compétence (correspond au *care giving*), la réceptivité (correspond au *care receiver*) ».

Philippe Svandra tout comme Agata Zielinski utiliseront cette classification en la complétant ainsi : *Le caring about* serait à la fois reconnaître l'existence d'un besoin et la nécessité d'y répondre (« une attention/souci portée à autrui »), puis le *taking care of* serait la prise en charge de ce besoin identifié en prenant les dispositions pour y apporter une réponse en interaction avec autrui (*care giving*) et enfin le *care receiving* correspondrait à l'adéquation de la réponse auprès du bénéficiaire (« le fait de s'occuper, de prendre soin de quelqu'un ou de quelque chose »).

Tous les auteurs qu'ils soient philosophes, sociologues ou psychologues s'accordent à souligner sa difficulté de traduction, car impossible à rendre en français en un seul mot et « de nommer adéquatement ce que les Anglo-saxons résument par cette expression, combinant sans plus d'effort le *care about* et le *care for someone*, autrement dit le soin et l'affection ; mais aussi le professionnel et le profane ».

Cependant, tous cherchent malgré tout à le faire afin de rendre compte au plus près de ce que recouvre ce terme de *care*, notamment avec les aspects paradoxaux qui le caractérisent comme un caractère concret, situé, incarné et invisible que nous pourrions traduire par implicite. Certains auteurs vont le mettre entre guillemets, d'autres vont lui attribuer une majuscule, mais la plupart l'écrivent en italique pour souligner son origine non francophone.

De façon générale au-delà de l'évocation de notions variées, on retrouve deux dimensions indispensables : tendre vers quelque chose d'autre que soi ; entreprendre une action concrète visant à la prise en charge de cet « autre » » :

1/ une disposition individuelle, perceptive (faire attention, se soucier de...) qui serait l'association d'une mobilisation cognitive et d'une disposition d'être là vis-à-vis d'autrui, « être dans un état subjectif de se sentir concerné par quelque chose ». Ce sont donc à la fois des attitudes, comme des dispositions morales (*care about, for*). C'est un état ;

2/ une idée d'activité, voire de travail, orientée vers les besoins humains nécessaires à la vie d'autrui (s'occuper de, prendre soin, aide et accompagnement d'autrui) « apporter une réponse concrète aux besoins des autres ». On parle alors d'activité et de travail de *care* (*take care*) « collectif ».

La notion de *care* recouvre donc différents niveaux : individuel, relationnel, collectif et institutionnel. Elle est lisible en termes de relations, d'acteurs, de pratiques et de dispositifs. Le *care* présente à la fois une dimension privée (au sens de la vie privée) et une dimension publique, s'apparente à la fois à un désir et à une responsabilité, prend la forme de pratiques rémunérées ou non, dispensées de manière informelle ou formelle, ce qui conduit à l'aborder soit sous l'angle des liens sociaux et notamment des liens familiaux, soit en termes d'analyse institutionnelle, voire de sociologie des professions, pour tenir compte de la professionnalisation des tâches de soin.

Par ailleurs, il est à noter que les termes *Cure* et *Care* ont une origine commune. Leur assignation à des registres séparés a été déterminée par l'avancée des résultats thérapeutiques qui se sont appuyés au XXe siècle sur une médecine scientifique fondée sur les sciences fondamentales ». Dans l'ouvrage, *À quel soin se fier ?* dirigé par Claire Marin et Frédéric Worms il est rappelé que Winnicott en 1970, pour qualifier la philosophie de la relation médicale invente une notion double : le *care-cure*. Winnicott regrette que le *care* ait disparu au profit du *cure* en estimant que nos systèmes de soins sont organisés autour de la solution technique et non plus au travers de la relation. Il s'agit de constater que la pratique du *cure* tend toujours à faire disparaître celle du *care*. Pour lui, il s'agit de considérer que les professionnels du *cure* doivent également être à même de tisser des relations de care.

La théorie du care est une théorie philosophique de la sollicitude, du souci de l'autre ou de « l'attention » portée à l'autre, cet autre pouvant être un être humain ou la planète. Elle est née en opposition aux théories morales héritées des analyses économiques qui reposent sur deux hypothèses centrales du comportement humain : l'hypothèse de rationalité et l'existence de préférences égoïstes. Nous avons vu que ces hypothèses fondatrices se trouvent au cœur de la pensée des économistes classiques comme Adam Smith, David Ricardo, John Stuart Mill puis Léon Walras, Stanley Jevons et Vilfredo Pareto et ont permis de construire la figure de l'Homo œconomicus.

The 'purpose economy'

Dans son livre, *The Purpose Economy : How Your Desire for Impact, Personal Growth and Community is Changing the World*, l'essayiste américain Aaron Hurst estime que la quête de sens et la recherche d'un esprit de communauté au travail mènent à de nombreux changements qui, ensemble, indiquent que le sens devient le nouveau moteur de l'économie mondiale.

Voilà quelque temps déjà que l'économie de l'information stimule l'innovation et la croissance économique. Mais l'économie du « sens » (*purpose economy*), qui se nourrit des technologies, des médias sociaux et du partage des ressources a pour objectif de permettre à chacun de trouver un sens à ses actions. « Dans mon livre, j'explique que la rencontre entre le marché et les individus s'effectue lorsque chacun invente sa propre façon de trouver un sens à son travail », affirme Aaron Hurst.

Selon l'auteur, ce que nous croyons savoir sur le sens est faux : « Il est clair que le sens n'est pas une cause, ni une révélation, ni un luxe. Le sens est ce que nous tirons de nos relations, de notre épanouissement personnel et de la réalisation de quelque chose qui nous dépasse. »

Selon Ghislain Deslades, professeur à l'ESCP Europe et directeur de programme au Collège international de philosophie, « pour Aaron Hurst [...] l'économie de l'information, celle des tableaux de bord et des indicateurs de performance, est en train d'évoluer radicalement. Cette révolution, c'est celle du dépassement de la rationalité des moyens, des méthodes, des techniques, notamment incarnées par la figure du manager, par la rationalité des fins, les fins éthiques et écologiques. »

Au total, l'économie de la raison d'être (« purpose economy ») désignerait la manière dont le travail évolue pour refléter le désir des employés de réaliser un objectif sociétal plus élevé dans leur travail. La théorie de l'économie de la raison d'être suggère que les entreprises ne réussiront mieux à long terme que si elles ont un sens très clair de la raison d'être de la société, à laquelle les employés peuvent s'identifier étroitement.

4. D'une théorie économique descriptive à une théorie prescriptive

L'utilitarisme, tel qu'il fonde pour l'essentiel la théorie économique, repose lui-même sur un paradigme anthropologique qui est celui de l'individualisme, tel qu'il s'est progressivement construit dans la pensée occidentale, et notamment selon la « philosophie des Lumières », en France et en Écosse, au XVIIIe siècle. L'individu existe par lui-même, pour lui-même, et indépendamment du contexte matériel et social dans lequel il se trouve plongé. La liberté qui lui est supposée est d'abord une liberté individuelle, et les libertés collectives visent donc à garantir celle-ci. C'est dans ce contexte que l'individu, supposé rationnel et libre de ses choix, va tenter de maximiser ce qui lui est personnellement utile. Voilà donc pour l'essentiel et qui va donc fonder la logique de l'*homo œconomicus*.

Or, cette anthropologie fondatrice ne présente nullement un caractère universel. Descola, pour ne citer que lui, montre comment les rapports entre l'humain et le non-humain, vivant ou non vivant, varient selon que l'on est dans une société totémiste, animiste, dualiste ou universaliste. Et donc, il faut en retenir que l'*homo œconomicus* désigne une construction spécifiquement occidentale qui n'a guère plus de deux siècles d'existence et que son prodigieux succès au niveau mondial ne saurait faire oublier qu'il ne s'agit là que d'un point de vue limité dans le temps et, au moins quant à son origine, dans l'espace.

Parmi d'autres visions du monde dignes d'être retenues pour le propos de ce livre figure ainsi la philosophie *Ubuntu* qui anime de nombreux peuples du continent africain. La définition en est la suivante : « toute personne n'est une personne qu'à travers d'autres personnes ». Ce que Desmond Tutu, archevêque du Cap et Prix Nobel de la paix, définissait ainsi : « mon humanité est entremêlée, inextricablement liée à la tienne ». Et il ajoutait : « ceux qui sont *ubuntu* prennent garde de marcher dans le monde en reconnaissant la valeur infinie de tous ceux avec qui ils entrent en contact[55] ».

Cette philosophie représente l'exact contrepied du cogito cartésien (« je pense donc je suis ») et de l'individualisme occidental. L'individu ne peut être pensé isolément, indépendamment de ce qui l'entoure : humain et non humain. Et donc, pour accéder au meilleur de lui-même, il doit se préoccuper de l'autre tout autant que de lui-même. On notera qu'il ne s'agit pas là d'un principe éthique, comme la fameuse règle d'or telle que formulée par Kant (« ne fais pas aux autres ce que tu ne voudrais pas qu'on te fasse »), mais d'un principe ontologique se rapportant à la réalité même de ce qu'est l'être humain en tant que membre d'une communauté associant à l'être humain les autres formes du vivant.

Il en résulte qu'une telle philosophie tend à ruiner la théorie économique dans la mesure où, à l'utilitarisme individualiste de l'*homo œconomicus*, elle substitue l'interdépendance entre les

---

[55] Mungi Ngomane, *Ubuntu, Je suis car tu es*, Paris, Harper Collins, 2022. Mungi Ngomane est la petite fille de Desmond Tutu. Elle est activement engagée dans la promotion de la philosophie Ubuntu.

membres d'une communauté, dont il est indissociable, dont le « bien vivre » fonde son propre « bien vivre ». Il s'agit donc là d'une philosophie qui rejoint les principes de l'économie sociale et solidaire, telle qu'elle substitue, à la recherche de l'utilité immédiate dans une optique privilégiant l'intérêt individuel, la recherche des avantages qu'en retirera la communauté humaine, directement et indirectement impliquée par l'activité de l'entreprise ou de l'organisation.

L'anthropologie implicite sur laquelle se fonde la théorie économique tend ainsi à modifier son statut épistémologique. À son point de départ, elle se fonde sur un modèle supposé universel, selon la conception qu'en avaient les philosophes du XVIIIe siècle : l'individu recherche son intérêt, il convient de lui en laisser la liberté et de renverser les obstacles, tels que les barrières douanières, qui ne font que protéger des rentes de situation au détriment d'une plus grande efficacité collective, telle que celle-ci peut résulter de l'esprit d'initiative de chacun. Ce paradigme, dont il apparaît aujourd'hui qu'il ne correspond nullement à un comportement universel venant de l'être humain, constitue par conséquent un principe idéologique qui tend à se perpétuer indépendamment de son rapport à la réalité. Il en résulte que les développements de la pensée économique, dans la mesure où ils continuent à se fonder sur ce prédicat de départ, ont cessé de présenter un caractère descriptif, ce qui constitue l'objet de la science, pour présenter un caractère prescriptif. Il ne s'agit plus de décrire « ce qui est », mais « ce qui doit être » ou le devrait.

Bien entendu, nombreux sont les économistes qui sont parfaitement conscients de la nécessité de s'évader de cette vision du monde dominante, telle qu'elle a inspiré simultanément la pensée libérale et la pensée marxiste. La déconstruction qui en résulte montre son caractère limité par rapport à l'étendue des comportements humains possibles. Les rapports humains ne se limitent pas à des échanges matériels, et les échanges matériels eux-mêmes ne se limitent pas à des actes d'achat et de vente sur un marché. Ils prennent place dans une vision beaucoup plus large des relations entre l'être humain, ses semblables et l'environnement, vivant et non vivant, qui leur sert de cadre. Et la conception qu'en a l'Occident, tel qu'il est parvenu à l'imposer à travers la « mondialisation » libérale de ces dernières décennies, doit être tenue comme l'une des modalités possibles du rapport que l'être humain entretient avec le monde. C'est bien ce que montre la philosophie Ubuntu.

Il en résulte, s'agissant de l'économie sociale et solidaire, que la théorie économique doit être profondément repensée en vue d'intégrer deux dimensions qu'elle semble ignorer, le don et le traitement des communs :

1. Comme le montrent les travaux de Marcel Mauss sur le potlatch, les échanges, au-delà des échanges intéressés venant de l'individu, peuvent s'inscrire dans le cadre d'une logique du don et de l'échange de cadeaux. Autrement dit, une société humaine peut être structurée non par la logique économique de l'échange fondé sur l'utilitarisme immédiat, mais sur une logique des rapports humains fondée sur le don et l'échange de cadeaux entre membres d'une même communauté ou entre membres de communautés différentes. C'est cette dimension des rapports sociaux, telle qu'elle se situe au-delà de la logique économique classique, qui demande à être prise en considération pour légitimer ce qu'il est convenu de désigner sous l'appellation de « l'économie sociale et solidaire ». L'ESS se situe donc au-delà du champ de la pensée économique dominante, telle qu'elle en est venue elle-même à dominer nos dispositifs institutionnels et juridiques.

2. La pensée économique dominante s'inscrit dans une optique individualiste : l'individu cherche à maximiser l'utilité qu'il peut tirer du bien dont il dispose, par exemple en l'investissant dans un collectif qui va devenir lui-même une « personne morale », donc une entité que l'on considérera par convention au même titre qu'un individu de chair et d'os. Elle laisse entièrement de côté tout ce qui se situe au-delà du bien individuel ou n'y est pas considéré comme une valeur parce qu'elle va de soi. Ainsi l'air, l'eau ou l'agrément des paysages. Face à la rareté de tels biens, dont chacun bénéficie gratuitement, la solidarité n'existe pas, chacun se trouvant muré dans l'intérêt qui lui est propre. Il s'agit là pourtant d'un présupposé qui se trouve démenti par certains comportements. Dans la communauté villageoise japonaise, par exemple, l'eau venue de la rivière sera répartie et dirigée tour à tour vers les différentes rizières, après débat entre les membres de la communauté, en vue d'en maximiser le potentiel d'utilisation, fût-ce au détriment de l'intérêt personnel de tel ou tel riziculteur. Il en est de même des tontines qu'organisent entre eux les petits commerçants chinois, par exemple dans le XIIIe arrondissement de Paris. La solidarité, même obligée, prime sur l'intérêt individuel et l'on notera qu'une telle répartition intervient en dehors de toute décision réglementaire qui émanerait d'une autorité supérieure. Il s'agit d'un comportement qui va de soi, et ceci de la même façon qu'il va de soi pour l'agriculteur français de défendre son champ de blé contre toute « agression » extérieure. L'ESS doit donc être considérée dans le cadre des communs tels qu'ils ont été définis par l'économiste danoise Elinor Ostrom, au-delà du modèle de *l'homo œconomicus* sourd à tout ce qui dépasse son intérêt immédiat.

5. Une théorie philosophique de la sollicitude

La théorie du *care* est une théorie philosophique de la sollicitude, du souci de l'autre ou de « l'attention » portée à l'autre, cet autre pouvant être un être humain ou la planète. Elle est née en opposition aux théories morales héritées des analyses économiques qui reposent sur deux hypothèses centrales du comportement humain : l'hypothèse de rationalité et l'existence de préférences égoïstes. Nous avons vu que ces hypothèses fondatrices se trouvent au cœur de la pensée des économistes classiques comme Adam Smith, David Ricardo, John Stuart Mill puis Léon Walras, Stanley Jevons et Vilfredo Pareto et ont permis de construire la figure de l'*Homo œconomicus*.

Mais cette vision réductrice est remise en cause parfois par les néoclassiques eux-mêmes, mais surtout par les économistes issus de l'école de l'économie comportementale ou de l'école expérimentale. Ainsi, comme le montre le jeu du dictateur et tous les travaux associés, sous la plume de nombreux économistes comportementaux, la figure de l'*Homo œconomicus* est devenue plus humaine, son égoïsme peut être moins forcené, ses préférences moins intangibles, sa logique moins implacable. Les résultats issus des expérimentations ont en effet révélé que les comportements observés en laboratoire ne correspondaient pas aux prédictions issues de la théorie académique. Mais pour autant la remise en cause n'est pas totale.

C'est au travers de l'économie du *Care* que la remise en question est la plus forte. La théorie du *care* introduit le domaine du sensible et des affects et souligne le rôle prééminent de la personne et de l'identité. Le *care* nourrit un réel projet politique qui a vocation à rencontrer les autres sciences sociales comme la sociologie, l'anthropologie, les sciences politiques ou encore l'ethnologie.

Toutefois, l'économie du *Care* est surtout tournée vers l'action. C'est le nœud essentiel qui, comme le soutenaient Aristote et Descartes, « lie la cognition et la passion aux actions[56] ». C'est une démarche qui amène à entreprendre. Ainsi, nous sommes proches des travaux de Amatayakul Supakwadee[57] qui nous invite à puiser chez René Descartes qui prend pour fondement l'universalité de la condition humaine tout en se concentrant sur l'usage rationnel des émotions humaines comme moyen d'atteindre une vie bonne pour reprendre le terme utilisé dans notre introduction générale. Dès le XVIIe siècle, paradoxalement, le père du rationalisme moderne et du dualisme corps-esprit, dans son dernier ouvrage, *Les Passions de l'âme* (1649), propose une émotion — la « générosité » — comme moyen d'atteindre le plus grand bonheur que l'on puisse connaître dans une vie bonne.

Aussi, dans la lignée de notre précédent ouvrage, inspirés par Aristote et Descartes et à partir des travaux de Carol Gilligan, Joan Tronto et Winnicot, nous retenons dans le cadre de notre réflexion la définition suivante : l'économie du soin est une activité générique fondée sur la générosité et la prise en compte de l'autre, qui donne du sens aux actions destinées à maintenir, perpétuer et réparer notre monde, de sorte que nous puissions y vivre aussi bien que possible.

Ainsi, nous serons amenés à illustrer notre propos à l'aide d'actions qui font référence aussi bien au *Care* qu'au *Cure*.

---

56 Noël-Hureaux, Elisabeth déjà citée : « Le *care* : un concept professionnel aux limites humaines ? », *Recherche en soins infirmiers*, vol. 122, n° 3, 2015, pp. 7-17.

57 Amatayakul, Supakwadee. « Surmonter ses émotions, conquérir son destin. Réflexions sur l'éthique de Descartes », *Diogène*, vol. 237, n° 1, 2012, pp. 109-120.

II.

L'économie du soin appliquée à la planète

Elinor Ostrom observe, venant de certains humains placés dans certaines conditions, un comportement qui ne correspond pas à ce que postule le modèle de l'*homo economicus*. Ils sont susceptibles, en effet, de sacrifier leur intérêt individuel à l'intérêt de la communauté dont ils font partie. En soi, cette découverte n'est pas nouvelle : chacun sait que sur un même bateau l'intérêt commun l'emporte sur ce que pourrait souhaiter pour lui-même chacun des membres de l'équipage. Ce que signale Elinor Ostrom, et c'est là ce qu'il y a de nouveau dans ce qu'elle écrit, c'est que les membres de la communauté vont ensemble privilégier le respect de l'environnement qui est le sien, et qui conditionne son avenir et peut-être sa survie, par rapport à ce que chacun, individuellement, pourrait être tenté de faire. Par exemple, chacun, dans une communauté de pêcheurs, limitera spontanément ses prises, en accord avec les autres membres de la communauté, afin de préserver la régénération du banc de poissons.

Il s'agit là d'un comportement qui rejoint la philosophie Ubuntu et qui entre en contradiction directe avec le paradigme économique dominant. Encore faut-il que soient réunies un certain nombre de conditions :

– la conscience de l'enjeu pour la communauté concernée,

– le sens de la responsabilité de chacun dans le cadre de cette communauté,

– une relative égalité de condition entre les uns et les autres excluant toute possibilité de domination et de manipulation venant de tel ou tel,

– cela suppose, enfin, de la confiance entre les uns et les autres.

On notera ici que cette situation renoue avec la conception que les Anciens avaient de la liberté. Pour eux, la liberté était la possibilité, entre égaux, de participer également à l'administration de la Cité, c'est-à-dire de la chose publique. Ce n'est qu'au XVIIIe siècle que la liberté s'est muée en la possibilité pour chacun de se déterminer à son gré dans sa sphère privée en tant qu'être autonome et pleinement souverain dans ses démarches personnelles, conformément à son intérêt privé[58]. Le soin apporté aux communs renoue ainsi, en rupture avec le paradigme individualiste qui domine la pensée économique depuis un peu plus de deux siècles, avec le sens de la liberté qu'en avaient les Athéniens à l'époque de Socrate.

Pour organiser notre réflexion autour de l'économie du soin appliquée à la planète, nous avons souhaité repartir des 4 éléments que les anciens en donnaient : le feu, l'air, l'eau et la terre.

Pour autant, le feu ne fera pas l'objet d'un développement particulier. Nous pouvons néanmoins rappeler qu'il fut un temps, que les moins de 40 000 ans[59] ne peuvent pas connaître,

---

[58] Cf. Roland Gori, *La fabrique des imposteurs*, Babel, 2015, p. 157.

[59] La maîtrise du feu se situe probablement vers –450 000 ans. En Europe, des foyers ont été notamment clairement identifiés à Terra Amata (Nice, vers –350 000 ans) et à Menez Dregan (baie d'Audierne, datation discutée entre

où le feu faisait l'objet de soins absolus comme en témoigne le film *La Guerre du feu* ou le roman éponyme[60]. Aujourd'hui le feu est surtout l'objet de soin de la part des sapeurs-pompiers. Dans notre précédent ouvrage, nous avions déjà salué le rôle de la Brigade des sapeurs-pompiers de Paris. Pour illustrer cet engagement dans l'économie du soin, nous souhaitons ici y ajouter que tous les pompiers de France, professionnels ou volontaires, contribuent à la lutte contre les incendies, comme en juillet 2022, où dans la même semaine ils ont lutté contre des feux de forêt en Gironde, dans le Finistère et aux portes d'Avignon. Pour le seul été 2022, ce sont plus de 42 000 hectares qui ont brûlé soit beaucoup plus que la superficie de Paris. Il faut aussi saluer l'action des associations agréées par la Sécurité civile, dont l'action auprès des populations concernées dans ces moments-là est déterminante (Croix-Rouge française, Protection civile[61]...). Parfois l'action est uniquement citoyenne, comme lors de l'incendie dans l'Hérault qui le 26 juillet 2022 a nécessité l'évacuation de 500 habitants du village d'Aumelas vers la salle polyvalente du village de Vendemian, une localité voisine. Là, dans une logique de soin de l'autre, les habitants se sont organisés pour que les évacués d'Aumelas, bénéficient des

---

–450 000 et –250 000 ans). Les traces de feu sont cependant rares en Europe avant l'arrivée de l'Homme moderne, c'est-à-dire avant 40 000 ans. Les Néandertaliens semblent en avoir plus souvent fait usage dans le sud de l'Europe que dans le nord de l'Europe, observation qui irait à l'encontre de l'idée généralement admise selon laquelle la maîtrise du feu aurait facilité la colonisation des régions de haute latitude du continent eurasiatique.

[60] *La Guerre du feu* est un film d'aventures préhistorique et imaginaire franco-canadien réalisé par Jean-Jacques Annaud, sorti en 1981. C'est une adaptation du roman éponyme écrit en 1909 par J.-H. Rosny aîné.

[61] https://www.parismatch.com/Actu/Environnement/Un-ete-en-enfer-De-la-Gironde-en-Provence-la-France-s-embrase-1818289

meilleures conditions d'accueil. Au total l'année 2023 a été une année dévastatrice puisque les incendies de forêt ont détruit dans le monde près de 400 millions d'hectares, tué plus de 250 personnes et rejeté 6,5 milliards de tonnes[62] de CO2.

Nous pouvons aussi noter que, dans une logique de soin autant que de responsabilité, de nombreuses municipalités ont annulé des feux d'artifice et que de plus en plus, elles préfèrent organiser des spectacles lasers plutôt que des feux d'artifice aussi bien pour des raisons financières que pour des raisons de sécurité ou de pollution de l'air[63].

Nous nous concentrerons donc sur l'air, l'eau et la terre en gardant à l'esprit que neuf millions de personnes meurent chaque année dans le monde à cause de la pollution, parce qu'elles sont exposées à un air, une eau ou des sols contaminés par des substances toxiques. Un décès sur six (16 %) est ainsi attribuable à la pollution, ce qui en fait le facteur de risque environnemental numéro un en termes de maladies et de décès prématurés : c'est trois fois plus que les morts cumulés des suites du sida, de la tuberculose et du paludisme. Ces chiffres sont issus d'une étude publiée mercredi 18 mai 2022 dans la revue *The Lancet Planetary Health*. Fruit de la collaboration d'une trentaine de chercheurs internationaux au sein de la commission « pollution et santé » du *Lancet*, elle tente d'évaluer l'impact global de toutes les formes de pollution. C'est seulement la deuxième édition de ce rapport après une première publication en 2017.

---

[62] https://www.europe1.fr/Environnement/feux-de-foret-une-annee-2023-devastatrice

[63] https://www.estrepublicain.fr/edition-belfort-hericourt-montbeliard/2015/07/13/le-feu-d-artifice-cede-la-place-au-laser-une-premiere

1. Le soin à apporter à l'air

Dès 2013, l'Organisation mondiale de la santé (OMS) a classé l'air extérieur comme cancérogène certain pour l'homme, la considérant comme étant responsable du décès d'environ 7 millions de personnes en moyenne par an (étude de l'OMS, mars 2014) et évaluant à 92 % la population mondiale respirant un air ambiant trop pollué (en septembre 2016).

La pollution de l'air reste donc la menace environnementale la plus importante pour la santé des Européens. Dans son nouveau rapport publié le 24 novembre 2022, l'Agence européenne pour l'environnement (AEE) estime que « l'exposition à des concentrations de particules fines supérieures aux recommandations de l'Organisation mondiale de la santé a entraîné 238 000 décès prématurés » à travers l'Union européenne (UE). Ce chiffre est en légère hausse par rapport à 2019, année où les particules fines, qui pénètrent profondément dans les poumons, avaient causé la mort prématurée de quelque 231 000 personnes. Cette augmentation s'explique en partie par le fait que le Covid-19 a touché plus durement les personnes présentant des comorbidités liées à la pollution de l'air (cancers, maladies pulmonaires ou diabète de type 2).

L'air est donc l'un des premiers éléments qui a permis de prendre conscience des effets de l'économie de production sur la planète et en particulier sur la santé de l'homme. Parce que la pollution de l'air touche indifféremment les pauvres et les riches, de nombreuses mesures ont été prises allant du déménagement des usines à l'est des villes au XIXe siècle à des cheminées d'usines qui, de nos jours, captent les particules et maintenant la lutte contre les particules fines en ville et le CO2. Ainsi des grandes actions menées en Chine ou en Inde contre la pollution de l'air.

Voyons donc la situation dans le monde d'abord, en France ensuite et, enfin, des exemples d'entreprises qui s'inscrivent dans l'économie du soin.

La situation dans le monde

Sans rentrer dans des détails techniques ou chimiques, il faut savoir que la qualité de l'air peut être modifiée par des polluants qui peuvent être d'origine naturelle ou d'origine anthropique, c'est-à-dire liés à l'activité humaine. Ainsi, on distingue :

– les particules primaires, directement émises dans l'atmosphère. Elles sont majoritairement issues de toutes les combustions incomplètes qui sont liées aux activités industrielles ou domestiques, ainsi qu'aux transports. Elles sont également émises par l'agriculture (épandage, travail du sol, etc.). Elles peuvent enfin être d'origine naturelle (érosion des sols, pollens, feux de biomasse, etc.) ;

– les particules secondaires, formées dans l'atmosphère suite à des réactions physico-chimiques pouvant impliquer le dioxyde de soufre (SO2), les oxydes d'azote (NOx) ou les composés organiques volatils (COV), voire des particules primaires.

Les particules ainsi mises en cause sont classées en fonction de leur taille :

– PM10 : particules de diamètre inférieur à 10 micromètres. Elles sont retenues au niveau du nez et des voies aériennes supérieures ;

– PM2.5 : particules de diamètre inférieur à 2,5 micromètres. Elles pénètrent profondément dans l'appareil respiratoire jusqu'aux alvéoles pulmonaires et peuvent passer dans la circulation sanguine.

Ces particules sont particulièrement nocives pour la santé. Elles provoquent des irritations et des problèmes respiratoires chez les personnes sensibles et sont associées à une augmentation de la mortalité (affections respiratoires, maladies cardio-vasculaires, cancers...). Ainsi, en 2020, la pollution de l'air a fait plus de 160 000 décès dans les cinq plus grandes villes du monde : Delhi, Tokyo, Shanghai, Mexico, Sao Paulo. Ces cinq villes ont une population combinée de 137 millions d'habitants, soit près de 2 pour cent de la population totale mondiale. Le coût économique de la pollution atmosphérique due à une productivité réduite pour ces cinq villes seulement a été estimé à plus de 85,1 milliards[64].

En mars 2023 IQAir a fait paraître son 5e rapport mondial annuel sur la qualité de l'air et a établi par ailleurs un classement des villes — et pas seulement des capitales — où la concentration en particules fines est la plus élevée en 2022. Parmi les 20 premières, on trouve essentiellement des agglomérations d'Asie, Lahore, au Pakistan, arrivant en tête. Si l'on se concentre uniquement sur les capitales, avec une concentration en PM2.5 de 89,7 µg/m^3, N'Djamena, au Tchad, se situe à la place peu enviable de numéro un. En 2022, d'importantes tempêtes de poussière ont joué un rôle dans l'évolution de la concentration en particules fines, qui était de 77,6 µg/m^3 l'année précédente. En revanche, la capitale chinoise ne fait plus partie de ce Top 20. Il faut dire que Pékin a fait des efforts considérables puisqu'entre 2018 et 2022, la concentration de son air en PM2.5 a été réduite de 40 %. Elle reste néanmoins à un niveau relativement haut.

Un calcul intégrant d'autres villes permet de penser que cinq villes du monde ont été à l'origine, en 2020, de la perte de 135 milliards de dollars américains environ en raison de la pollution atmosphérique. Tokyo, Los Angeles et New York avec

---

[64] Les cinq villes étudiées sont : Delhi, Inde : 54 000 décès, 8,1 milliards d'USD perdus / Tokyo, Japon : 40 000 morts, 43 milliards d'USD perdus / Shanghai : 39 000 morts, 19 milliards d'USD perdus / Mexico, 15 000 morts, 8 milliards d'USD perdus / Sao Paulo, Brésil : 15 000 décès, 7 milliards USD perdus. Nombre total de décès : 163 000. Coût total : 85,1 milliards d'USD.

respectivement, 43, 32 et 25 milliards de dollars, ont enregistré les pertes de pollution atmosphérique les plus élevées parmi les villes alors examinées. Los Angeles a représenté le coût de pollution de l'air par habitant le plus élevé au monde, à 2 700 USD par personne. Pour Pékin, l'estimation est de 34 000 morts et 16 milliards USD perdus. Lucknow et Delhi, deux villes du nord de l'Inde ont perdu au moins 13 % de leur produit intérieur brut en 2020 à cause de la pollution atmosphérique pendant que Mumbai enregistrait 25 000 morts dus à la pollution.

En Thaïlande, plus de 15,2 millions de personnes dans six villes ont été fortement touchées par la pollution atmosphérique, faisant plus de 13 000 décès. Bangkok a représenté la plupart des pertes, avec 9 400 décès évitables enregistrés en 2020. Quatre villes d'Indonésie de 17,5 millions d'habitants ont perdu 19 750 personnes. À Jakarta, 13 000 personnes sont mortes à cause de la pollution de l'air, soit 1 200 personnes par million.

Les coûts économiques de la pollution atmosphérique pour l'humanité sont donc élevés. La pollution atmosphérique peut avoir d'énormes conséquences économiques pour les personnes et leurs communautés, notamment la réduction des heures de travail, l'augmentation des coûts des soins de santé en raison de l'invalidité, de l'asthme et des maladies respiratoires chroniques, ou encore, la perte de revenu du ménage en raison de la prestation de soins aux membres malades de la famille.

Beaucoup de ces décès étaient évitables pour autant que l'économie du soin soit prise en compte. Les résultats de ces calculs des coûts humains et financiers de la pollution atmosphérique soulignent l'importance de mettre davantage l'accent sur la prévention et le contrôle de la pollution atmosphérique ainsi que sur les investissements dans les technologies portant sur la qualité de l'air.

La situation en France

La surveillance de la qualité de l'air ambiant est obligatoire en France dans les agglomérations de plus de 100 000 habitants et porte en priorité sur les polluants réglementés par le code de l'environnement et les directives européennes[65] (dioxyde de soufre [SO2], oxydes d'azote [NOx], dont dioxyde d'azote [NO2], ozone [O3], particules [PM10 et PM2,5], monoxyde de carbone [CO], benzène [C6H6], plomb [Pb], arsenic [As], cadmium [Cd], nickel [Ni], mercure [Hg], hydrocarbures aromatiques polycycliques [HAP], principalement le benzo[a]pyrène [B[a]P]).

Pour ces polluants, les directives européennes fixent des seuils d'évaluation destinés à graduer les moyens de surveillance à déployer en fonction des concentrations des polluants dans l'air et des éléments démographiques.

Malgré une tendance à l'amélioration de la qualité de l'air au cours des 20 dernières années, les valeurs limites fixées par l'OMS ne sont toujours pas respectées dans plusieurs zones. Comme l'indique le ministère de l'Écologie lui-même[66], la France est engagée dans deux pré-contentieux européens pour la teneur en

[65] Au niveau européen, deux directives fixent des normes de qualité de l'air : la directive 2008/50/CE du 21 mai 2008 concernant la qualité de l'air ambiant et un air pur pour l'Europe, et la directive 2004/107/CE du 14 décembre 2004 concernant l'arsenic, le cadmium, le mercure, le nickel et les hydrocarbures aromatiques polycycliques dans l'air ambiant. Ces deux textes assurent un cadre commun pour l'évaluation et la gestion de la qualité de l'air, ainsi que pour l'information du public. Elles fixent également des concentrations maximales dans l'air pour certaines substances polluantes dans le but d'éviter, de prévenir ou de réduire leurs effets nocifs sur la santé humaine. Ces textes sont transposés en droit français par l'article R 221-1 du code de l'environnement et par l'arrêté du 19 avril 2017 relatif au dispositif national de surveillance de la qualité de l'air ambiant.

[66] https://www.ecologie.gouv.fr/pollution-lair-origines-situation-et-impacts

particules (PM10) et en dioxyde d'azote [67](NO2) pour une vingtaine d'agglomérations.

En effet, après une mise en demeure en février 2013, la France a reçu un avis motivé de la Commission européenne en avril 2015 pour 10 zones : Douai-Béthune-Valenciennes, Grenoble, Lyon, Marseille, la Martinique, Nice, Paris, Toulon, la zone urbaine régionale Provence-Alpes-Côte d'Azur et la zone urbaine régionale de Rhône-Alpes. Par ailleurs, le 24 octobre 2019, la Cour de justice de l'Union européenne a condamné la France pour manquement aux obligations concernant la qualité de l'air ambiant compte tenu des dépassements persistants des

---

[67] Les oxydes d'azote (NOx) regroupent le monoxyde d'azote (NO) et le dioxyde d'azote (NO_2). Ils sont émis lors de la combustion (chauffage, production d'électricité, moteurs thermiques des véhicules…). La chimie de l'azote (fabrication de nitrate d'ammonium…) ou l'utilisation de produits nitrés dans les procédés industriels (verrerie…) sont également des émetteurs. Enfin, l'utilisation des engrais azotés entraîne des rejets de NOx. Les émissions d'origine humaine peuvent localement devenir très largement prépondérantes. Les volcans et les éclairs sont aussi susceptibles de créer les conditions favorables à la formation d'oxydes d'azote. De même, les sols naturels secs peuvent émettre du monoxyde d'azote au cours du processus biologique de transformation de l'azote du sol. Une fois dans l'air, le monoxyde d'azote (NO) devient du dioxyde d'azote (NO_2), gaz irritant pour les bronches et favorisant les crises d'asthmes et les infections pulmonaires. Les personnes asthmatiques et les jeunes enfants sont plus sensibles à ce polluant. Les NOx sont également précurseurs d'autres polluants : dans certaines conditions climatiques et d'ensoleillement, ils réagissent avec certains polluants selon des processus physico-chimiques complexes intervenant dans l'atmosphère. Ils réagissent en particulier avec les composés organiques volatils (COV) pour conduire à la formation d'ozone troposphérique ou avec l'ammoniac (NH3) pour conduire à la formation de particules secondaires. Les principaux effets sur l'environnement des NOx sont l'acidification des milieux, qui peut entraîner des chutes de feuilles ou d'aiguilles, des nécroses et influencer de façon importante les milieux aquatiques et l'eutrophisation (apport excédentaire d'azote dans les milieux naturels et notamment les sols) qui conduit à une réduction de la biodiversité.

valeurs limites horaires et annuelles de dioxyde d'azote dans 12 territoires.

En 2022, l'air de Paris, avec une concentration en PM2.5 de 12,7 µg/m^3, est quant à lui plus pollué que celui de Tokyo (9.2 µg/m^3), Madrid (9.5 µg/m^3) ou Londres (9.6 µg/m^3), par exemple. La capitale française est, en Europe, l'une de celles où la concentration en particules fines est la plus élevée. Mais dans ce podium de la pollution, Sofia, Zagreb ou encore Athènes la dépassent.

Selon une logique d'économie du soin, la qualité de l'air représente un enjeu sanitaire majeur compte tenu de la responsabilité de la pollution de l'air dans la prévalence des maladies cardio-respiratoires ou cérébrales et des cancers. Les effets des polluants atmosphériques sont classés en deux groupes :

– les effets immédiats (après une exposition de courte durée) : manifestations cliniques, fonctionnelles ou biologiques qui surviennent dans des délais rapides suite aux variations journalières des niveaux ambiants de pollution atmosphérique. Cela peut se manifester par des irritations oculaires ou des voies respiratoires, des crises d'asthme, une exacerbation de troubles cardio-vasculaires et respiratoires pouvant conduire à une hospitalisation et, dans les cas les plus graves, au décès ;

– les effets à long terme (après des expositions répétées ou continues tout au long de la vie) : les polluants de l'air favorisent la poursuite et/ou l'accroissement d'événements de santé, induisent une surmortalité et une baisse de l'espérance de vie. Ils peuvent dans ce cas être définis comme la contribution de cette exposition au développement ou à l'aggravation de maladies chroniques, telles que cancers, pathologies cardio-vasculaires et respiratoires, troubles neurologiques, troubles du développement, etc.

C'est l'exposition chronique à la pollution de l'air qui conduit donc aux effets et donc aux impacts les plus importants sur la santé. La pollution de l'air a des impacts particulièrement importants sur les personnes vulnérables ou sensibles (enfants, personnes âgées, fumeurs, malades du cœur ou des poumons, asthmatiques).

Toujours selon le ministère de l'Écologie, en France, la pollution de l'air extérieur est responsable de 48 000 décès prématurés par an[68], soit 9 % de la mortalité en France, et d'une perte d'espérance de vie à 30 ans pouvant dépasser 2 ans. La commission d'enquête du Sénat a évalué à 100 milliards d'euros le coût sanitaire annuel total et 30 % de la population serait atteinte d'une allergie respiratoire[69].

Dans une approche complète fondée sur l'économie du soin et non plus sur une approche fondée sur le principe de *l'homo economicus,* il faut prendre en compte qu'au-delà des décès, les maladies dues à la pollution de l'air entraînent des dépenses qui concernent principalement le système de soin : consultations, soins, médicaments, hospitalisations, indemnités journalières... La maladie la plus coûteuse est l'asthme. Viennent ensuite les bronchites aiguës, qui concernent aussi un grand nombre de cas, puis les bronchites chroniques, les broncho-pneumopathies obstructives et les cancers des voies respiratoires. Les épisodes sévères de pollution ou l'exposition chronique de personnes sensibles sont aussi la cause de nombreuses hospitalisations.

Nous devons par ailleurs considérer que le coût de la pollution de l'air sur la santé est à la fois marchand et non marchand. Le coût de la pollution de l'air, en effet, a des composantes financières et non financières. Ces composantes sont encore appelées respectivement coûts marchands et coûts

---

[68] Voir l'étude « Santé publique France ».

[69] Consulter le focus Environnement et santé de juin 2019.

non marchands, ou coûts tangibles et coûts intangibles. Les coûts tangibles sont ceux qui se prêtent facilement à une valorisation monétaire, ceux pour lesquels un prix de marché existe.

Par exemple, une bronchite supplémentaire causée par la pollution de l'air se traduit par des coûts financiers induits par une visite chez le médecin, l'achat de médicaments, un arrêt maladie, etc. Elle se traduit également par une certaine souffrance, de l'anxiété et un mal-être chez la personne affectée du fait de son état de santé. Il s'agit de coûts humains et psychologiques non tangibles liés à la perte du bien-être et de la qualité de vie ressentie par l'individu et pour laquelle il n'existe pas de prix de marché.

Seules les composantes financières se traduisent par des dépenses effectives. Les coûts non marchands sont bien évidemment beaucoup plus difficiles à évaluer. Leur évaluation nécessite de faire appel à des valeurs de référence dont l'élaboration est fortement déterminée par des choix de société. Ils nécessitent néanmoins d'être pris en compte au risque de sous-estimer considérablement les bénéfices que la société tire d'une politique d'amélioration de la qualité de l'air.

L'économie du soin a donc besoin de données extrafinancières. Tout comme la comptabilité évolue dans ce sens, l'évaluation des impacts de la pollution de l'air sur la santé est une démarche en constante progression. Si nous savons chiffrer les impacts sanitaires, nous saurons chiffrer l'impact social de l'économie du soin. Or, chiffrer les impacts sanitaires suppose :

– d'établir le lien de cause à effet entre le polluant présent dans le milieu et son effet sur la santé (décès prématuré, bronchite, cancer...),

– de quantifier le lien de cause à effet à partir de fonctions expositions-risques ou de fonctions doses-réponses,

– de déterminer l'exposition de la population à ce polluant (c'est-à-dire les niveaux de concentration de polluants auxquels la population est soumise),

– de déduire les conséquences sanitaires liées à cette exposition en appliquant les fonctions expositions-risques adéquates (décès prématurés, bronchites, arrêts maladie, asthme, etc.),

– d'évaluer le coût de l'ensemble de ces conséquences sanitaires.

En France, un tel exercice n'a été réalisé que pour certains polluants émis dans l'air (particules fines, ozone, dioxyde d'azote). Aussi, le réel coût sanitaire de la pollution des milieux n'est pas connu de façon exhaustive.

La disponibilité de bases de données fiables et régulièrement renseignées est un élément essentiel pour l'évaluateur. Des avancées sont réalisées régulièrement à toutes les étapes de la chaîne de connaissances nécessaires pour évaluer le coût sanitaire de la pollution de l'air :

– au niveau de la mesure des émissions et des concentrations de polluants, par exemple avec l'utilisation de la télédétection par satellite, qui remplace les mesures jusqu'alors effectuées par les stations au sol. Ces progrès permettent d'améliorer la connaissance de l'exposition des populations à la pollution de l'air.

– au niveau de l'évaluation des impacts sanitaires de la pollution de l'air, notamment avec l'établissement de nouvelles fonctions dose-réponse permettant un élargissement des pathologies considérées.

L'évaluation du coût des impacts sanitaires de la pollution de l'air reflète des choix de société. Avec une approche liée à l'économie du soin, ces choix seront amenés à évoluer. Dans la première partie de l'ouvrage, nous avons mis l'accent sur la valeur que nous accordons aux choses. Le coût de la pollution de l'air est largement tributaire des valeurs monétaires utilisées, et plus particulièrement de la valeur que la société accorde à l'évitement d'un décès (encore appelée « valeur d'une vie statistique »). Or, ces valeurs reflètent des choix de société. Historiquement, c'est le Commissariat au Plan (aujourd'hui appelé France Stratégie) qui fixe ces valeurs à l'échelle nationale. Dans le passé (dans le rapport Boiteux de 1994 par exemple), la valeur d'une vie statistique était approchée par les pertes de productivité liées au décès prématuré (ces pertes sont estimées par la somme des revenus que l'individu aurait gagnés durant sa durée de vie restante espérée). Aujourd'hui, on privilégie l'approche par les pertes de bien-être. Il s'agit alors de déterminer le consentement à payer accepté par l'intéressé en contrepartie d'une diminution du risque « une mort prématurée ou de la contrepartie moyennant laquelle il accepterait une augmentation de ce risque[70] ».

L'exemple d'entreprises françaises

Parce que l'économie du soin nécessite de passer de l'idée à l'action, nous avons voulu mettre en avant le travail réalisé par certaines entreprises françaises qui proposent des solutions en vue d'améliorer notre champ d'action sur la qualité de l'air.

Nous avons identifié, par exemple, les actions menées par Atmotrack, qui propose des capteurs pour cartographier la pollution, Neoplants, qui cherche à obtenir un air plus pur grâce aux plantes, WaltR et sa solution basée sur l'imagerie spatiale ou Teqoya, qui a créé un ioniseur pour améliorer l'air intérieur. Cependant, nous avons souhaité mettre en lumière les entreprises qui proposent des actions dans lesquelles une collectivité participe à la résolution du problème. Aussi, nous avons retenu les sociétés Plume Labs et Planet Watcher.

[70] Les nombreux travaux menés sur la valeur qu'accordent les individus à une diminution de risque de décès ont d'ailleurs fait l'objet en 2012 d'un important travail de synthèse et d'analyse par l'OCDE.

L'open data est au cœur de l'activité de Plume Labs. Cette jeune pousse a pour objectif d'ouvrir les données relatives à la qualité de l'air pour mieux informer la population sur les risques de la pollution et les accompagner dans leur quotidien. La start-up a donc développé notamment une application — Air Report — qui cartographie en temps réel les points de pollution de plusieurs grandes villes à travers le monde. En parallèle, elle conçoit un capteur, relié par Bluetooth à son smartphone, qui alerte sur la qualité de l'air de l'endroit où nous nous situons. À la lecture du site de l'entreprise nous pouvons lire les éléments suivants :

« *Nous sommes convaincus qu'avec la bonne information au bon moment, la raison peut prendre le pas sur la panique et l'urgence du problème peut être canalisée pour imaginer des solutions plutôt que des catastrophes.* »

Ce que nous croyons :

Les problèmes que nous pouvons aider à quantifier sont ceux que nous pouvons aider à résoudre.

Accéder à de la donnée n'est pas suffisant : celle-ci devient de l'intelligence lorsqu'elle est rendue accessible, qu'elle pousse à creuser jusqu'aux causes premières des effets observés.

Le jour 1 d'un changement collectif durable est celui qui voit suffisamment d'individus réunis par une intelligence partagée du problème pour imaginer ensemble les premiers pas.

Nous pensons que les problèmes complexes exigent des chiffres, des détails et de la nuance, plutôt que des prises de position en noir et blanc. La pollution est un de ces problèmes. Nous voulons créer des produits qui rendent les chiffres vivants, engageants et utiles pour ceux en quête de solutions. Nous y voyons notre meilleure chance de contribuer à une croissance humaine qui ne se fait ni à ses propres dépens ni à ceux de son environnement.

Aussi la société a créé l'indice Plume. Le Plume AQI est à la pollution ce que la température est à la météo : un chiffre qui indique un niveau. Une température parle à tout le monde, mais avoir des repères en pollution est moins aisé. Afin de communiquer facilement sur le niveau de pollution de l'air, les scientifiques et les gouvernements utilisent un indice de la qualité de l'air appelé Air Quality Index (AQI). Cet AQI est d'autant plus élevé que la pollution de l'air est forte. Un AQI qui augmente signifie qu'une part croissante de la population est susceptible de ressentir l'effet de la pollution en développant des symptômes à court ou à long terme. Plume Labs utilise la norme internationale établie par l'Agence américaine de protection de l'environnement (EPA) ainsi que les directives de l'OMS et des études scientifiques pour définir le Plume AQI et ses cinq niveaux de pollution. Le

Plume AQI prend en compte les concentrations de plusieurs polluants différents et il est calculé en fonction du polluant ayant le plus d'impact sur la santé au moment présent.

En 2019, des journalistes du *Parisien* se sont déplacés à travers Paris en utilisant Flow[71]. Leur première remarque aura été la suivante : *« Plus besoin d'instruments encombrants pour savoir ce qu'il y a dans l'air que nous respirons. Signe qu'il y a une vraie demande, les capteurs personnels comme le petit tuyau américain Atmotube, ou le porte-clefs chinois Clarity, se multiplient. Pour notre test, nous avons choisi Flow, élaboré par la start-up française Plume Labs qui s'est associée au centre de politique environnementale de l'Imperial College London et au laboratoire de sciences atmosphériques Lisa, du CNRS. Cette clochette en métal coûte 179 euros. »*

L'engin aspire l'air extérieur et mesure quatre polluants, les plus importants en termes de santé, à savoir les taux de particules fines PM 10 et des PM 2,5, mais aussi le dioxyde d'azote (NO2), ainsi que les composants organiques volatils (COV). Les informations traitées par l'ordinateur miniature arrivent ensuite via une appli sur l'écran de votre téléphone. Comme ces données sont géolocalisées, on peut *a posteriori* retracer les lieux les plus pollués. Ces données brutes, en microgrammes par mètre cube pour les particules, sont ensuite transformées en code couleur : de vert pour un air pur, à violet pour un air très pollué, ce qui signale un impact immédiat pour la santé. Notons que la start-up s'appuie sur les recommandations de l'OMS, plus strictes que les seuils officiels français.

De même, Planet Watch s'est donné pour objectif de créer un réseau mondial de capteurs de la qualité de l'air. Les personnes adhérant à ce réseau — les « PlanetWatchers » — pourront disposer leur capteur chez eux ou même les emmener avec eux pendant leurs déplacements. Elle a notamment pu installer une centaine de ses capteurs à Milan et à Tarente.

71 https://www.leparisien.fr/societe/pollution-de-l-air-a-paris-nos-tests-alarmants-11-03-2019-8029608.php

2. Le soin à apporter à l'eau

Sur ce thème encore, voyons d'abord la situation dans le monde, après quoi l'on prendra exemple d'entreprises en Inde et en France qui s'inscrivent dans l'économie du soin.

2.1. Les grands chiffres de la pollution de l'eau

Selon l'OMS, en 2022, 57 % de la population mondiale (soit 4,6 milliards de personnes) avait accès à des services d'assainissement gérés de manière sûre. Toutefois, plus de 1,5 milliard de personnes ne disposent toujours pas de services d'assainissement de base, tels que des toilettes privées ou des latrines. Parmi elles, 419 millions défèquent encore à l'air libre, par exemple dans les caniveaux, derrière des buissons ou dans des plans d'eau.

En 2020, 44 % des eaux usées domestiques générées dans le monde ont été rejetées dans l'environnement sans avoir fait l'objet d'un traitement sûr. On estime qu'au moins 10 % de la population mondiale consomme des aliments provenant de cultures irriguées par des eaux usées.

Or, un assainissement de mauvaise qualité porte atteinte au bien-être humain et au développement social et économique compte tenu de ses effets en termes d'anxiété, de risque d'agression sexuelle et de réduction des possibilités éducatives et professionnelles. Le manque d'assainissement est lié à la transmission de maladies diarrhéiques telles que le choléra et la dysenterie, ainsi que la typhoïde, les infections par les vers intestinaux et la poliomyélite. Il exacerbe le retard de croissance et contribue à la propagation de la résistance aux antimicrobiens.

D'après les dernières estimations de la charge de morbidité associée aux problèmes d'eau, d'assainissement et d'hygiène,

1,4 million de personnes meurent chaque année en raison du manque d'eau potable et de la médiocrité des systèmes d'assainissement et d'hygiène. La grande majorité de ces décès se produisent dans les pays à revenu faible ou intermédiaire. L'insuffisance des services d'assainissement est à l'origine de 564 000 de ces décès, en grande partie causés par des maladies diarrhéiques, et elle est un facteur déterminant de plusieurs maladies tropicales négligées, notamment les helminthiases intestinales, la schistosomiase et le trachome. Un mauvais assainissement contribue également à la malnutrition.

Selon l'OMS, 3,4 millions de personnes décèdent chaque année de la pollution aquatique tandis que 2,6 milliards de personnes ne disposent pas de sanitaires. 3.1 % des décès dans le monde s'expliquent par une mauvaise qualité de l'eau de l'assainissement et de l'hygiène. Les maladies infectieuses, notamment celles qui sont dues à une contamination des eaux, sont les principales causes de mortalité infantile à travers le monde. Parmi eux, les enfants de moins de 5 ans sont, généralement, les plus touchés. En 2002, il y avait plus de personnes mourant à cause des eaux insalubres que de toutes formes de violences (même la guerre) ; 4 millions de cas de diarrhées, dus à l'insalubrité des eaux, sont recensés chaque année. Ils causent 2,2 millions de morts par an (principalement des enfants de moins de 5 ans). Dans le monde 15 % des décès infantiles sont imputables à la diarrhée. Rappelons que, à travers le monde, un enfant meurt toutes les 15 secondes. En Inde, la diarrhée est la principale cause de mortalité infantile et tue chaque année un demi-million d'enfants (OMS 2000). Dans certains pays, moins de 40 % de la population ont accès à l'eau potable. C'est le cas du Cambodge, du Tchad, de l'Éthiopie, de la Mauritanie, de l'Afghanistan et d'Oman. *A contrario*, 9 pays dans le monde se partagent près de 60 % des ressources naturelles renouvelables d'eau douce du monde.

2.2. Un exemple à l'étranger

Chaque année, plus de 2,7 millions de tonnes de déchets, principalement du plastique, finissent dans les océans. Les pratiques irresponsables en matière de gestion des déchets ont eu un impact énorme. Sur des milliers de kilomètres, de vastes étendues d'eau, dans lesquelles vivent une grande variété d'espèces animales, sont infestées de sacs plastiques, de filets de pêche, de produits chimiques et autres polluants.

Les gouvernements commencent enfin à s'inquiéter des problèmes qui touchent l'environnement et qui s'aggravent avec le temps, et certains pays ont même déclaré l'état d'urgence climatique. Des initiatives ont été lancées en vue de réduire l'impact sur la nature, par exemple l'interdiction d'utiliser des pailles ou des sacs en plastique dans certains endroits du monde. Toutefois, comme nous avons cherché à le démontrer plus haut, ces réglementations s'avèrent insuffisantes.

Pour la majeure partie des habitants de la planète, l'eau est une ressource facilement accessible. Dans le confort de leur foyer, ils savent que la pollution de l'eau est un problème urgent — mais ailleurs que chez eux. Généralement, nous fermons les yeux sur les problèmes environnementaux, car nous pensons que nous ne pouvons rien y faire. Pourtant, tout le monde peut faire un petit quelque chose s'il se place dans une logique de l'économie du soin.

C'est ce qu'a fait Afroz Shah, un jeune avocat de Mumbai, qui a mené le plus gros projet de nettoyage des plages en Inde.

Ayant toujours vécu sur les côtes de Mumbai, tout près de la plage de Versova il a observé année après année que des déchets plastiques recouvraient la majeure partie de la plage et que des vagues d'ordures empêchaient les gens de se mettre à l'eau.

Afroz savait que les plastiques qui se trouvaient sur cette plage étaient dans l'environnement depuis très longtemps, peut-être depuis 10 ou 20 ans. Dans ce sombre décor, il y avait pourtant un espoir. « Je me suis dit : je ne sais pas combien de temps cela va me prendre ; je ne sais pas si je vais y arriver. Mais je savais que je devais me mettre au travail. J'avais besoin de créer des liens avec mon environnement », explique Afroz. Là encore, l'économie du soin s'inscrit dans une nouvelle fonction d'utilité avec une unité de valeur autre que le dollar. Le logiciel de l'*homo economicus* est dépassé.

En octobre 2015, Afroz a commencé à ramasser tout seul les ordures. En certains endroits les déchets atteignaient 1,60 mètre. Uniquement le premier jour, il a ramassé cinq sacs remplis de déchets plastiques. Si deux mains étaient capables de ramasser autant de plastique, que se passerait-il si quatre mains étaient à l'œuvre ? Son voisin est alors venu l'aider pendant plusieurs semaines. Au fil des semaines, d'autres voisins les ont rejoints. Au bout de 6 mois, la municipalité a mis à leur disposition des pelleteuses et des bennes. Afroz Shah a ensuite créé un groupe de bénévoles et a utilisé les réseaux sociaux. Un an et demi après avoir commencé à nettoyer la plage, l'ONU a reconnu son action en qualifiant son projet de plus grand projet de nettoyage de plage au monde et en lui décernant le prix Champions de la Terre en 2016. Plus de 60 000 étudiants, d'Inde, mais aussi de partout dans le monde, ont alors rejoint le projet.

Grâce à leur action, la plage, d'une longueur de 2,5 kilomètres, a été vidée de 5 000 tonnes de déchets en trois ans de dur labeur.

Il y a vingt ans, des tortues de Kemp frayaient sur la plage de Versova. « Nous avons dévasté nos océans, la vie des espèces qui les habitent, et nous n'avons pas le droit de faire ça. Mes droits s'arrêtent là où commencent ceux des autres espèces. J'ai envahi leur habitat et perturbé leurs habitudes alimentaires », explique Afroz. Le 22 mars 2018, les bénévoles ont pu observer des centaines de tortues qui venaient pour déposer des œufs. Les tortues de Kemp sont désormais de retour. Ce qui était un dépotoir est devenu une écloserie de tortues.

Fort de ce succès et considérant qu'il faut arrêter de tout prendre à la planète sans jamais rien lui donner, Afroz Shah, véritable entrepreneur social, a créé une fondation utilisant ainsi un autre type d'organisation relevant de l'ESS et tournée vers l'économie du soin. La fondation se déplace dans de nombreux villages en Inde pour que les habitants prennent conscience de l'importance de l'engagement en vue de nettoyer la planète et de l'importance d'une réduction des déchets.

Il convient de préciser ici que l'Inde génère près de 4 millions de tonnes de déchets plastiques par an. Entre 40 % et 70 % ne seraient pas recyclés, selon les chiffres. La majorité de ces déchets provient de plastiques à usage unique. On les retrouve sur les bords des routes, dans les cours d'eau et les océans, ils obstruent les canalisations ou encore s'entassent dans des décharges à ciel ouvert comme celle d'Okhla. Située dans le sud de New Delhi, elle est l'un des trois immenses tas d'immondices que compte la mégalopole de plus de 20 millions d'habitants. Ceux-ci produisent chaque jour quelque 12 000 tonnes de déchets dont New Delhi ne sait que faire, faute d'infrastructures modernes pour les traiter. La montagne d'ordures composée d'objet du quotidien atteignait en décembre 2022 jusqu'à 45 mètres de hauteur[72].

---

72 https://www.lemonde.fr/planete/article/2023/05/29/l-inde-empoisonnee-par-le-plastique-tente-d-en-venir-a-bout-dans-la-nature-c-est-un-tueur_6175268_3244.html

L'expérience d'Afroz Shah prouve que chaque contribution compte et qu'une petite action peut avoir un impact assez grand pour inciter les autres à faire la même chose. Afroz compte bien poursuivre sa croisade en faveur du nettoyage des plages, pour sensibiliser la population au problème des déchets plastiques. Il veut aussi informer les gens de la nécessité de changer notre façon de produire, d'utiliser et d'éliminer les déchets plastiques.

Comme pour la gestion des risques ou la démarche qualité, la prise de conscience est la première étape et le changement commence avec les actions concrètes. Dans l'économie de production, on recherche un premier client, puis un second puis une communauté... Pour un manager des ventes, l'effort en vue de convaincre un maximum de clients d'un acte d'achat est une évidence. Dans une logique d'économie du soin un entrepreneur social doit, lui aussi, convaincre une personne, puis deux, puis un maximum de personnes que tout le monde peut faire un petit quelque chose.

2.3. Un exemple en France

En France, les contrôles s'efforcent par exemple de rechercher un nombre croissant de molécules dans les cours d'eau, ceci en privilégiant évidemment les substances les plus dangereuses pour la santé humaine et l'environnement[73].

Or on retrouve dans les rivières ce qu'on y a rejeté sur le bassin-versant et l'homme a considérablement bouleversé le cycle des éléments naturellement présents dans les cours d'eau (comme les nitrates, les phosphates ou la matière organique). Les éléments issus de l'industrie chimique sont également à prendre en compte — soit potentiellement plus de 100 000 substances issues des activités humaines. On y trouve majoritairement des pesticides,

---

[73] https://www.lagazettedescommunes.com/631713/quest-ce-qui-pollue-les-cours-deau-francais/

mais également des hydrocarbures, des plastifiants, des médicaments et bien d'autres composés aux potentiels effets de perturbateurs endocriniens, susceptibles d'être neurotoxiques, cancérogènes, ou encore d'altérer la fertilité.

Ces résidus prennent en général la forme de micropolluants, c'est-à-dire de substances toxiques à des doses très faibles (de l'ordre du microgramme par litre, soit l'équivalent de deux pincées de sel dans une piscine olympique). Ils ne sont malheureusement pas tous recherchés et leurs effets sur le long terme en présence d'un cocktail d'autres molécules sont peu, voire pas du tout, connus.

Dans les cours d'eau français, les pesticides et leurs produits de dégradations sont les premières substances détectées. Ceci est peu étonnant dans un pays où la surface agricole utile représente 29 millions d'hectares, soit plus de la moitié du territoire.

Leur concentration varie en fonction de la période à laquelle les produits phytosanitaires sont appliqués (généralement au printemps). Elle dépend également des cultures présentes sur le bassin-versant : la vigne, les vergers, ou encore les céréales, nécessitent par exemple de nombreux traitements. Les herbicides sont surtout détectés en rivière, car ils ont des propriétés qui les rendent plus sensibles au ruissellement. Ainsi, le glyphosate et son produit de dégradation, l'AMPA, sont les molécules les plus souvent détectées, car très largement utilisés avant la mise en culture.

Mais cette présence dépend également de la persistance des pesticides : la présence d'atrazine (herbicide pourtant interdit depuis 2003) et de son produit de dégradation, la déséthylatrazine, s'explique par un transfert assez lent vers les cours d'eau. S'ils se répandent plus rapidement en période de pluie, une grande partie des pesticides migre de façon diffuse vers les eaux souterraines, pour être restituée plusieurs années plus tard dans les eaux de surface.

En 2014, 389 types de résidus de pesticides (ainsi que leurs produits de dégradation) ont été retrouvés au moins une fois dans les rivières françaises, quand 484 pesticides différents ont été utilisés la même année par les agriculteurs. Ces chiffres montrent bien le potentiel de ces substances à être exportées vers les cours d'eau. En 2023, le site de l'ANSES indique que les prélèvements ont notamment concerné 157 pesticides et métabolites de pesticides, c'est-à-dire des composants issus de la dégradation des produits phytopharmaceutiques ; 89 d'entre eux ont été détectés au moins une fois dans les eaux brutes et 77 fois dans les eaux traitées.

Parmi les 7 composés « émergents » ayant conduit à des dépassements de la limite de qualité de 0,1 µg/litre, un cas en particulier se dégage : le métabolite du chlorothalonil R471811. Il a retenu l'attention des scientifiques sur deux points particuliers. D'une part, c'est le métabolite de pesticide le plus fréquemment retrouvé, dans plus d'un prélèvement sur deux. D'autre part, il conduit à des dépassements de la limite de qualité dans plus d'un prélèvement sur trois.

Ce métabolite avait été inclus dans cette campagne suite à la publication en 2019 de données suisses indiquant qu'il était très fréquemment retrouvé dans les eaux de consommation en Suisse. Ce métabolite est issu de la dégradation dans l'environnement du chlorothalonil, un fongicide interdit en France depuis 2020. Ces résultats attestent qu'en fonction de leurs propriétés, certains métabolites de pesticides peuvent rester présents dans l'environnement plusieurs années après l'interdiction de la substance active dont ils sont issus.

Quand un pesticide devient trop présent dans le milieu naturel, il est retiré du marché, les agriculteurs devant alors s'orienter vers d'autres produits. Avec l'interdiction progressive des pesticides, ce choix se restreint à un nombre de plus en plus limité de produits sans que le problème de fond de la pollution ne soit pourtant réglé. Par exemple, pour le désherbage du maïs, l'usage du S-Métolachlore a plus que doublé entre 2015 et 2019 en Seine-et-Marne. Les applications se faisant principalement au printemps, les concentrations moyennes mensuelles passent de 0,010 à 2 µg/L entre les mois d'avril et de juin. Cette dynamique saisonnière est généralement observée dans tous les cours d'eau français.

Outre les pesticides, les rejets urbains des industriels et des particuliers constituent une autre source majeure de contamination.

Après vidange des eaux de nettoyage (détergents, plastifiants, solvants), au moment des douches (muscs, parabènes, répulsifs insecticides) ou même par excrétion via les chasses d'eau (médicaments, hormones, caféine), les produits de notre vie quotidienne rejoignent finalement les cours d'eau. Malgré l'efficacité croissante des stations d'épuration (dont le rôle principal est d'éliminer la matière organique), un grand nombre de composés se retrouve toujours dans les rivières.

À ces eaux usées s'agrègent les rejets d'eau pluviale. En tombant, celle-ci entraîne les particules atmosphériques et les polluants présents dans l'air. En milieu urbain, les contaminants de l'air proviennent des rejets industriels, du trafic routier, du chauffage urbain (surtout en hiver) et de la diffusion progressive des composants des matériaux. L'atmosphère, puis l'eau de pluie, se chargent progressivement en polluants : hydrocarbures, furanes, dioxines...

Enfin, le ruissellement sur les toitures et les chaussées imperméables entraîne les hydrocarbures et les métaux lourds (cadmium, plomb, zinc). Certains accidents peuvent également produire des pollutions exceptionnelles : l'incendie de Notre-Dame de Paris a ainsi libéré de grandes quantités de plomb présent dans la toiture, et il est probable que cette catastrophe sera bientôt détectable dans la Seine.

7 222 litres d'eau sont distribués chaque seconde par la ville de Paris aux Parisiens, soit plus de 227 millions de tonnes d'eau par an ! Cela représente l'équivalent d'une piscine olympique d'eau potable utilisée toutes les 5 minutes et acheminée via 1 990 kilomètres de canalisations.

Ainsi, dans le cadre d'un programme de recherche, intitulé PIREN Seine, les composés d'origines agricole et urbaine sont étudiés, ainsi que les dépôts atmosphériques en lien avec le cycle de l'eau en fonction des aléas climatiques (années sèches *vs* années pluvieuses) et du régime hydrologique (variations annuelles de débit entre les crues et les étiages). Cela permet de comprendre les mécanismes de transfert des contaminants et leur dynamique depuis l'amont de la Seine ou de la Marne, très agricoles, jusqu'à l'aval de Paris recevant les pollutions urbaines.

Une partie de ces composés se fixent sur les particules en suspension dans l'eau et sédimentent au fond de la Seine avant d'être remobilisés lors des mouvements provoqués par les crues. Entre les pollutions diffuses et la remise en suspension des sédiments, une contamination peut ainsi être constatée plusieurs années après l'utilisation d'une substance.

C'est ce qui rend délicat l'étude de la contamination des rivières par les micropolluants et l'impact sur l'écosystème. En effet, sur les 110 000 substances chimiques identifiées comme potentiellement polluantes, il est difficile de savoir quelles substances vont rejoindre les cours d'eau, à quelle dose et s'il y aura un impact sur l'écosystème ou la santé humaine.

C'est aux agences de l'eau que revient la mise en place de stratégies pour obtenir le bon état écologique des cours d'eau. Au cours des dernières années, face à l'augmentation croissante des nouvelles substances générées par l'industrie chimique, le nombre de micropolluants qu'elles recherchent n'a cessé de croître. Au total, près de 900 paramètres sont suivis, incluant les substances chimiques et leurs produits de dégradation. Ce suivi représente un coût considérable et ne peut pourtant pas être exhaustif, d'autant qu'un grand nombre de ces substances ne sont pas détectées. D'autres approches sont donc aujourd'hui à l'étude.

Les organismes aquatiques constituent les premiers facteurs d'alerte de la contamination des cours d'eau. Même si elle ne se voit généralement pas, celle-ci a un impact sur les êtres vivants présents dans l'eau en permettant la sélection des espèces résistantes à la pollution (modification de la biodiversité) ou en générant des malformations chez les individus. S'il n'est pas possible de rechercher toutes les substances susceptibles d'être présentes, la recherche de biomarqueurs (indicateur des effets de la pollution sur certains organismes comme les poissons, les moules d'eau douce ou les gammares) permettrait d'en mesurer l'impact global sur les organismes.

Les normes de qualité environnementale fixées par l'Europe permettent d'estimer de façon plus cohérente la contamination au regard des impacts potentiels sur les organismes aquatiques. Mais il n'est toujours pas possible d'identifier quels impacts potentiels présentent les nombreuses substances que l'on ne recherche pas encore (parce qu'on ignore leur existence ou leur nocivité), ou que les techniques d'analyse actuelles ne permettent pas de détecter.

En ce qui concerne le retraitement des eaux usées, seulement 0,6 % des eaux usées traitées sont réutilisées en France. Ceci est dérisoire. Alors qu'elles sont soumises aux mêmes directives européennes que la France en la matière, l'Italie et l'Espagne recyclent respectivement 8 et 14 % de leurs eaux usées traitées. En Espagne, 40 % de la production agricole de la région de Murcie est irriguée par des eaux traitées. En Israël, le taux de réutilisation atteint 80 %. À Singapour, les eaux recyclées fournissent un tiers de l'eau potable et devraient en assurer 50 % en 2060.

Actuellement, la circularité de l'eau fait face aux exigences sanitaires. La réglementation française ne permet l'emploi d'eaux épurées qu'en agriculture. Pour l'agriculture, la réutilisation présente plusieurs avantages. En plus de leur disponibilité, les eaux usées traitées présentent une certaine teneur en éléments fertilisants d'origine organique dont nous allons voir les effets sur la Terre.

Un exemple en France de dépollution et de création d'une start-up

Les mines des Cévennes sont une illustration parfaite de la contamination des cours d'eau par le zinc, le cadmium, le plomb et l'arsenic.

C'est ainsi que, dans le Gard, où les pluies sont rares, mais violentes, une vingtaine d'habitants ont porté plainte en 2021 pour la consommation d'une eau contaminée au Pb, Cd et As. L'ensemble de ces problèmes est dû à une difficulté de gestion des eaux issues des mines de zinc. Les nappes phréatiques sont en effet exposées depuis cinquante ans à une contamination par les effluents d'installations minières[74].

Pour y remédier, un consortium de partenaires aux activités complémentaires s'est rassemblé. Il est à noter la présence de deux fondations dans ce consortium[75].

[74] https://ec.europa.eu/regional_policy/fr/projects/France/water-pollution-management-using-plants-industrialised-by-a-company-in-occitanie

[75] Le consortium a été emmené par le laboratoire de Chimie Bio-inspirée et Innovations écologiques ChimEco (CNRS et Université de Montpellier), qui a élaboré une technologie de dépollution des eaux par les plantes. Klorane Botanical Foundation, a valorisé le procédé développé et la Fondation Suez a choisi de participer au financement du projet dans le cadre du programme

Le projet consiste à utiliser un filtre végétal constitué de poudres végétales modifiées pour éliminer les éléments polluants Zn, Pb et Cd avant rejet. Le filtre est constitué de matériaux végétaux fonctionnalisés par un procédé bio-inspiré, breveté par ChimEco-CNRS. Le procédé est unique au niveau international et s'inscrit dans les objectifs prioritaires européens et mondiaux.
En termes de résultats à court terme, la solution proposée est d'intervenir en amont et de piéger les eaux contaminées dès leur formation. À cette fin, les porteurs du projet ont mis en place, pour un site minier expérimental, un traitement écologique des eaux polluées en sortie de galeries. Ce traitement consiste concrètement à faire passer les eaux contaminées à travers le filtre végétal élaboré en laboratoire.
Le filtre végétal est basé sur l'utilisation d'une plante endémique qui a fait les preuves de son efficacité. Les résultats actuels montrent que l'utilisation de plantes exotiques envahissantes est possible. Une récolte massive de plantes exotiques, suivie d'une déshydratation et broyage en poudre, a trouvé sa place dans ce projet. Son utilisation permet de résoudre un double problème : favoriser l'éradication d'une plante invasive et dépolluer les eaux minières.
Le projet « Transformer les végétaux en filtres dépolluants » a fait l'objet d'un investissement européen total de 2 866 200 euros. L'investissement relève de la priorité « Améliorer la prévention des risques (inondations et risques côtiers) et promouvoir la biodiversité ».
Mais c'est surtout une véritable entreprise de l'économie du soin qui a vu le jour.
En effet, il a été décidé de fonder Bioinspir, dirigée par la Pre Claude Grison, lauréate de la médaille de l'innovation du CNRS en 2014. Lauréat du concours d'innovation i-Nov dans la catégorie Industrie et agriculture éco-efficientes et bénéficiaire de la Bourse French Tech Emergence en 2021, Bioinspir s'est donné pour mission, comme son nom l'indique, de « s'inspirer de la nature, en synthétisant des principes actifs par des procédés naturels », ceci afin de s'imposer sur un marché « émergent, mais potentiellement énorme ». Hébergée dans la pépinière Cap Delta à Grabels, la start-up emploie 7 salariés.

« Agir pour la ressource en eau ». L'entreprise Compagnie nationale du Rhône (CNR) et deux syndicats mixtes d'aménagement et de gestion des bassins versants (ETPB des Gardons et SM Ganges-Le Vigan) ont été associés pour récolter des plantes aquatiques invasives et étudier leur potentiel de valorisation dans le procédé.

Au-delà des travaux réalisés dans le Gard, un pilote mobile a été déployé le long de l'Orbiel, dans l'Aude, pour tenter de traiter les eaux polluées à l'arsenic, utilisé au XXe siècle par la mine d'or de Salsigne. Pour financer sa première phase commerciale, la deeptech a levé près de 1 million d'euros auprès du start-up studio parisien TechnoFounders Participations.
C'est ainsi qu'en juin 2022, la Pre Claude Grison, a été la grande gagnante du Prix de l'inventeur européen de l'année 2022 dans la catégorie Recherche décerné par l'Office européen des brevets. L'année suivante, Claude Grison a été lauréate du prix de la Femme d'influence 2023 dans la catégorie « Économie ».
Un peu de chimie et beaucoup d'écologie : voilà la recette à la base de BioInspir, la start-up fondée en 2020 par Claude Grison, directrice de recherche au CNRS. Cette pépite industrielle montpelliéraine s'appuie sur le pouvoir des plantes pour absorber les métaux lourds présents dans les effluents industriels. Objectif : dépolluer les sols grâce aux racines et aux feuilles des plantes et récupérer les métaux absorbés par la végétation pour créer la première filière d'éco-catalyseurs pour l'industrie de la chimie.
À l'origine de la start-up, un constat : celui selon lequel « les plantes aquatiques exotiques envahissantes ont une extraordinaire capacité à absorber les métaux lourds présents dans les effluents », précise Claude Grison. Forts de cette observation, la chercheuse et son équipe mettent au point des filtres, à base de ces plantes transformées en poudre, pour capter les métaux polluants.
Tous les indices.

Des catalyseurs d'origine naturelle

Mais la start-up ne s'arrête pas là. Une fois les métaux récupérés dans les filtres, BioInspir propose de les optimiser en les transformant en éco-catalyseurs pour l'industrie chimique. « Nous étions convaincus que pour que l'utilisation se développe, il nous fallait travailler sur une technologie qui apporte de la valeur. C'est pourquoi nous avons également mis au point une technique pour récupérer les métaux concentrés dans ces filtres et les transformer en molécule », ajoute la chercheuse. Cette seconde partie de l'opération, réalisée via « un procédé sobre qui s'apparente à un traitement thermique sans intrant » permet à BioInspir de proposer des catalyseurs d'origine naturelle aux acteurs de la chimie.

Les industriels de la cosmétique parmi les clients

Parmi ses clients, la start-up de 10 salariés compte déjà des acteurs de la cosmétique, des parfums et de la pharmacie. « Notre solution entre pleinement dans les attentes de naturalité exprimées par ces secteurs », note Claude Grison. Grâce à sa technologie, BioInspir évite aux industriels d'avoir recours à l'extraction de minerais tout en leur permettant de réduire les coûts énergétiques liés à la transformation, très énergivore, de ces métaux en catalyseurs. Pour comparaison, selon les données communiquées par BioInspir, un gramme de poudre végétale permettrait de capter jusqu'à 20 grammes de palladium, le métal le plus cher au monde.

L'entreprise propose déjà plus de 60 molécules différentes. D'autres sont en cours d'élaboration. « La nature est bien faite. Chaque plante a sa spécialité et tous les métaux lourds peuvent être captés », résume la dirigeante. De quoi pouvoir décupler l'impact de la pépite et peut-être lui ouvrir de nouveaux marchés.

L'originalité de ces recherches repose sur le fait qu'elles ont non seulement identifié des plantes capables d'absorber des molécules métalliques ou chimiques stockées dans le sol ou dans de l'eau, donc capables de dépolluer d'anciens sites industriels ou miniers, mais que, en plus, ces éléments absorbés par les végétaux sont ensuite réutilisés comme matière première. Ainsi, les feuilles des plantes mangeuses de métaux sont séchées, broyées et utilisées sous forme de poudre dans des réactions chimiques nécessitant du métal. On se retrouve avec des catalyseurs métalliques d'origine 100 % végétale. Plusieurs start-up ont été déjà créées pour commercialiser ces recherches.

3. Le soin à apporter à la terre

En ce qui concerne le soin à apporter à la terre, nous pouvons étudier le sujet au travers de deux aspects. D'un côté la pollution des sols et de l'autre, l'exploitation trop importante des ressources contenues dans les sols afin d'examiner, pour chacun de ces aspects, les définitions, les données chiffrées générales et des exemples d'entreprises qui proposent des solutions face à cette situation.

3.1. Le problème des pollutions

Dans le cadre de la première approche, on dit qu'un sol est pollué lorsqu'il contient une concentration anormale de composés chimiques potentiellement dangereux pour la santé des plantes ou des animaux. La contamination se fait alors soit par voie digestive (ingestion d'éléments polluants contenus dans l'alimentation par exemple), soit par voie respiratoire (poussières des sols pollués dans l'atmosphère).

Bien sûr, des événements naturels peuvent produire des pollutions de sols. C'est le cas par exemple des retombées des cendres d'un volcan par suite d'une forte éruption ou des accidents technologiques, comme celui de Tchernobyl. Pourtant, ce sont la plupart du temps les activités humaines quotidiennes qui sont à l'origine des pollutions des sols.

Afin de ne pas nous disperser et à défaut de pouvoir être exhaustifs, nous nous contenterons d'un focus sur la pollution liée aux activités agricoles et en particulier l'usage des engrais azotés, qui sont les plus grands pollueurs, ceci afin de réfléchir à la situation paradoxale qui est ainsi créée.

Les types d'engrais et l'usage que les agriculteurs font des fertilisants n'ont cessé d'évoluer tout au long du XXe siècle jusqu'à aujourd'hui. L'agriculture de l'après-guerre n'a plus rien à voir avec l'agriculture de nos jours. Les enjeux agricoles et les rendements des cultures ne sont plus les mêmes. Les pratiques de fertilisation n'ont cessé de s'adapter en conséquence au processus de production[76].

Avant 1914, le monde agricole utilisait exclusivement le fumier pour faire pousser les plantes. Mais la concurrence des produits en provenance d'Amérique, d'Asie, ou encore d'Océanie se fait sentir. Des prix bas font leur apparition sur le marché français, qui doit tenir compte, en plus, d'un accroissement de la population et de crises graves en matière de production. La viticulture, par exemple, subit des maladies comme le phylloxéra. C'est dans ce contexte agricole concurrentiel que des solutions d'engrais chimiques voient le jour. Les industriels trouvent ainsi comment synthétiser l'azote en fabriquant de l'ammoniac, alliant l'azote de l'air avec de l'hydrogène, lui-même issu de gaz fossile. L'azote de synthèse, que l'on apporte donc artificiellement aux sols, a bouleversé le modèle agricole mondial et reste considéré comme la principale invention de l'histoire de l'agriculture.

De retour de la Première Guerre mondiale, les exploitants agricoles découvrent de nouvelles possibilités pour accroître leurs productions à la suite d'une découverte majeure réalisée en 1909 dont nous reparlerons. Le gouvernement français contrôle la production et la commercialisation des engrais chimiques comme la production nord-africaine de phosphate, les gisements de potasse d'Alsace, ou encore la production d'azote par l'Office national industriel de l'azote situé à Toulouse. Des publicités sur les engrais commencent à paraître ainsi que divers services d'accompagnement au service des agriculteurs. Pour autant, les techniques agricoles ne sont pas optimales, et les rendements

[76] https://fca-fertilisants.com/engrais-histoire-de-la-fertilisation-francaise-depuis-le-20eme-siecle/

plafonnent. Le seuil de production en blé d'hiver varie en moyenne entre 20 et 30 quintaux à l'hectare sur tout le territoire, et peut exceptionnellement aller jusqu'à 50 quintaux à l'hectare.

L'agriculture connaîtra plus tard une transformation profonde après la Seconde Guerre mondiale. La croissance des rendements durant les Trente Glorieuses est sans précédent au XXe siècle. Par ailleurs, des progrès scientifiques sont réalisés en continu, ce qui modifie les fondements théoriques de la fertilisation.

L'importance de nourrir les plantes et les sols en fonction de leurs besoins nutritifs n'est plus à prouver. Il est évident que l'azote est indispensable à la croissance des plantes. C'est l'un des principaux parmi les éléments qui constituent les végétaux. L'azote est naturellement présent dans l'air, à hauteur de 78 %. Mais tel quel, il n'est pas assimilable par les plantes, à part les légumineuses. Son impact sur le rendement des cultures est colossal : plus les plantes en reçoivent, plus elles poussent. Assimilé par celles-ci sous forme de nitrates (NO3), il s'agit, avec l'eau, d'un facteur limitant des rendements. Ainsi, même si de l'azote est naturellement présent dans le sol, il est nécessaire d'en ajouter afin d'assurer un rendement satisfaisant. Prendre soin d'un sol passe par un apport d'azote. Cet apport peut se faire avec un amendement organique (un engrais de ferme, c'est-à-dire lisier ou fumier) ou minéral. Jusqu'à la fin du XIXe siècle, les agriculteurs se servaient ainsi du fumier pour apporter de l'azote à leurs plants.

Lorsque l'on parle d'engrais azoté, c'est généralement pour désigner un amendement minéral, fabriqué à partir de l'azote gazeux de l'atmosphère. Dans tous les cas, la fabrication des engrais azotés est coûteuse en énergie et leur prix est élevé puisqu'il faut environ une tonne de pétrole pour produire une tonne d'azote[77].

Parmi les engrais intermédiaires, on trouve :

Le sulfate d'ammonium : cristallisé ou en granulés, il permet d'obtenir du sulfate d'ammoniaque, généralement dosé à 21 % d'azote.

L'urée : on l'obtient en combinant l'ammoniac avec le gaz carbonique engendré par sa fabrication. Sous forme de perles ou de granulés, elle peut titrer jusqu'à 46 % d'azote.

Le nitrate d'ammonium : il est produit par la réaction entre l'ammoniac et l'acide nitrique. En mélange avec du soufre, il donne du sulfate d'ammoniac, adapté à certaines situations agronomiques particulières. Enfin, par adjonction de calcium (carbonate de calcium ou dolomie), on obtient de l'ammonitrate. Contenant 21 à 35 % d'azote total (moitié azote ammoniacal, moitié azote nitrique). Les ammonitrates représentent à eux seuls 50 % des usages d'engrais azotés en Europe.

L'azote est un des principaux composants des acides aminés, des protéines et des acides nucléiques constituant l'ADN de la plante. En cas de carence, la synthèse des protéines est ralentie et, parmi elles, celle de la chlorophylle. Il s'ensuit un ralentissement de la croissance et une dépigmentation partielle des feuilles. Particulièrement visible sur les céréales en fin d'hiver, ce phénomène est couramment appelé « la faim d'azote ». Il survient lorsque la croissance de la plante redémarre et donc que ses besoins augmentent. La « faim d'azote » est à l'origine de la méthode de la « bande de double densité ». Celle-ci consiste à faire un semis deux fois plus dense que la normale sur quelques

[77] https://www.liberation.fr/environnement/engrais-de-synthese-lazote-est-a-lorigine-de-tous-les-problemes-de-lagriculture-moderne-20220325_L3GE5JLTKRHK5E263XEIAZWIJI/

mètres. Plus fortement consommatrice d'azote que le reste de la parcelle, cette zone est la première à perdre sa pigmentation lorsque les besoins en azote s'accroissent. C'est le signe qu'il est temps d'en apporter[78].

L'azote est prélevé dans le sol par le système racinaire de la plante, sous forme d'ions ammonium et de nitrate. Les cultures annuelles ont une préférence pour le nitrate lorsqu'il est disponible. Les ions sont ensuite transférés aux feuilles où se produit la réduction enzymatique en ammonium. Ce dernier est ensuite métabolisé pour conduire à la formation d'acides aminés.

Il a été observé à partir des années quatre-vingt que la croissance des rendements a diminué de plus en plus chaque année et qu'il a tendance à stagner, particulièrement à partir des années 1990. En effet, les réserves nutritives naturelles des sols sont épuisées, ce qui ne permet plus aux stimulants chimiques de faire leur effet comme par le passé. Les sols pauvres en éléments nutritifs ne permettent plus de nourrir convenablement les plantes.

Par rapport à cette situation, les années 1990-2000 marquent un tournant dans la prise de conscience relative aux bénéfices d'une fertilisation raisonnée sur la qualité du sol. Pour prendre soin de la plante, il faut avant cela prendre soin du sol. Cette prise de conscience est aujourd'hui renforcée par les enjeux écologiques actuels, ainsi que par une demande accrue des consommateurs pour des produits nutritifs et sains. La fertilisation doit aujourd'hui être au service des besoins nutritifs du sol et des plantes, afin de stimuler la fertilité du sol et des végétaux. La biodisponibilité des éléments nutritifs prime pour obtenir des rendements qualitatifs et quantitatifs. L'économie de guerre dans laquelle nous entrons pourrait aussi pousser à trouver de nouvelles solutions.

---

78 https://wikiagri.fr/articles/quest-ce-quun-engrais-azote-/19203

La crise sanitaire avait déjà montré — et la guerre en Ukraine vient de le rappeler — qu'en matière d'engrais, l'agriculture française ne peut pas se passer des importations, et surtout de celles qui viennent de Russie. Que l'on parle du gaz naturel, ingrédient essentiel pour fabriquer des engrais azotés, ou des engrais eux-mêmes, il est impossible de l'éviter. Pas moins de 12,5 % de nos importations d'urée, l'un des fertilisants azotés les plus utilisés dans les champs de l'Hexagone, proviennent de Russie. Or en réponse aux sanctions occidentales, Moscou a recommandé aux producteurs d'engrais russes de suspendre temporairement leurs exportations, sachant que les exportations russes en Europe pourraient de toute manière être pénalisées par les mesures visant le secteur financier et logistique, ceci s'ajoutant encore aux difficultés d'approvisionnement liées à la crise sanitaire. Les prix des engrais azotés ont flambé et la question se pose pour l'année 2024 et les suivantes de savoir s'il y en aura suffisamment. Ainsi, au Havre, le géant norvégien Yara a-t-il décidé de réduire temporairement la production de son usine normande face à l'envolée du gaz.

Par ailleurs, les engrais azotés ne sont pas les seuls. La potasse s'ajoute aussi à l'équation. La Russie et la Biélorussie représentent à elles deux 40 % des échanges mondiaux de potasse. À court terme, les solutions sont limitées. La France ne produit pas de gaz naturel et les mines de potasse alsaciennes sont fermées depuis longtemps. Le moyen le plus rapide resterait de diversifier nos approvisionnements, de redynamiser certaines sources, d'investir dans les pays qui possèdent ou transforment la matière première, mais leurs capacités sont limitées : le petit État caribéen de Trinité-et-Tobago, par exemple, fournit déjà 14 % de nos importations de solution azotée. De nombreux pays exercent déjà une pression très forte sur le Canada, l'un des principaux producteurs avec la Russie, afin qu'il réussisse à compenser le manque.

Quelques solutions sont à étudier. La possibilité de cultiver davantage de plantes moins gourmandes en azote, comme le maïs, ou des légumineuses, capables d'utiliser l'azote dans l'air, reste une solution marginale. Et pourtant, nous aurons besoin de suffisamment de blé pour répondre à la demande mondiale et éviter une crise alimentaire, car les exportations de l'Ukraine risquent de chuter lourdement.

Les engrais organiques, comme le lisier issu des déjections des animaux d'élevage, peuvent répondre à une partie de la demande, mais tout le monde n'y a pas accès : les élevages se concentrent dans l'ouest de la France, tandis que les grandes cultures s'étalent plutôt au nord ou au nord-est. Surtout, ils sont moins chargés en azote, ce qui se traduit par des rendements plus faibles et une baisse de la teneur en protéines, et ils n'agissent pas de la même manière que les engrais minéraux.

La méthanisation pourrait être une solution, car elle permet de produire du biogaz à partir des déchets organiques et des effluents d'élevage : les résidus que l'on récupère, appelés digestats, peuvent être utilisés comme fertilisants. Or, aujourd'hui, la construction d'un méthaniseur est précédée de plusieurs années de contraintes administratives.

Le géant norvégien Yara, de son côté, souhaite produire 30 % de ses ammonitrates à partir de l'hydrolyse de l'eau, et non plus du gaz, afin de s'affranchir des énergies fossiles. Cela requiert des investissements massifs et le coût de production est beaucoup plus élevé, mais la flambée des prix du gaz rend cette technologie de plus en plus intéressante, d'autant que les ammonitrates sont déjà presque entièrement fabriqués en France et en Europe.

Pour aller au-delà de ces solutions et s'inscrire dans une économie du soin, il convient de réfléchir et d'agir plus largement. En effet, la maîtrise des engrais de synthèse a amené une séparation de l'élevage et les plantations. C'est ainsi que sont nées les grandes plaines céréalières en monoculture qui entraînent un appauvrissement des sols et une baisse de la biodiversité, et l'élevage industriel. De plus, lorsque l'on s'est mis à utiliser de l'azote de synthèse, on a perdu les autres nutriments qu'apportait le fumier, comme le carbone, une matière essentielle pour le bien-être des sols. Ceux-ci se sont peu à peu appauvris en matière organique et les plantes ont développé des carences. De plus, depuis que l'on utilise des engrais de synthèse, on a doublé la quantité d'azote apportée dans les sols. Sur les 2,2 millions de tonnes d'azote utilisées en France, dont la majorité est de synthèse, la moitié sert aux plantes, mais l'autre moitié se perd dans l'environnement. Cela équivaut à peu près à 700 000 tonnes d'ammoniac lâchées dans la nature chaque année. En se combinant avec d'autres polluants atmosphériques, ces substances participent à la formation de particules fines, très dangereuses pour la santé. De plus, l'épandage des engrais azotés émet du protoxyde d'azote, un gaz à effet de serre près de 300 fois plus polluant que le CO2. Si ces engrais polluent notre air, ils polluent également nos eaux en ruisselant sous forme de nitrate dans les rivières, les nappes souterraines, les lacs, les océans. Les algues reçoivent un trop-plein d'azote, se multiplient, prolifèrent et finissent par étouffer les écosystèmes comme on le voit avec la propagation des algues vertes.

Par ailleurs, l'azote de synthèse a participé à l'apparition des pesticides. Son impact sur les rendements est tel qu'il est tentant pour les agriculteurs d'en mettre plus que nécessaire sur les cultures. Ainsi, les tissus et les feuilles du végétal s'enrichissent en azote, dont une partie reste stockée sous forme de nitrate ou d'acide aminé : un festin pour les insectes, qui vont se multiplier et faire des dégâts. Les cultures sont alors arrosées de pesticides pour tenter de neutraliser les nuisibles.

C'est toute la structure de l'agriculture qu'il faut ainsi revoir de fond en comble pour développer une agriculture moderne et cohérente sur le modèle de la bio, sans azote de synthèse. On pourrait envisager de ne pas le supprimer totalement, mais dans tous les cas, cela suppose de revoir le système de production. Bien sûr, si on diminue les quantités d'engrais sur les grandes cultures, il y aura inévitablement une chute de rendements, ce qui ne plaît pas à la Fédération nationale des syndicats d'exploitants agricoles (FNSEA). La stratégie de la Commission européenne pour verdir l'agriculture de l'Union au travers du programme « De la ferme à la fourchette » prévoit néanmoins une diminution de la production des principales récoltes à hauteur de 10 %. Si les rendements des céréales ont été multipliés par quatre en un demi-siècle, il faut savoir que sur la production française totale actuelle, la moitié seulement est consommée sur notre sol, le reste partant pour l'exportation. Et sur la part consommée en France, la plus grande partie sert pour l'alimentation du bétail. Sur la part restante, nous ne souhaitons pas ici faire mention du gaspillage. Il est donc tout à fait possible de diminuer les rendements sans mettre en péril la sécurité alimentaire.

Pour autant, d'un point de vue psychologique, il est compliqué de dire aux agriculteurs qu'ils doivent renoncer aux engrais et donc à leurs rendements, qui sont souvent symboliquement synonymes de réussite, de fierté, même si le système n'est pas durable. Il faut revoir la formation à tous les niveaux, des élèves aux agriculteurs eux-mêmes. Il y a aussi le sujet des financements actuels et futurs. Les agriculteurs se sont endettés pour produire comme ils le font actuellement ; or, pour restructurer, il faut des investissements, du nouveau matériel. Mettre tout cela en œuvre est une question de conviction !

Parce que notre ouvrage est un hymne à l'espoir et complètement ancré dans son temps, il n'est pas question de faire un retour en arrière et de porter une démarche nostalgique, mais bien de permettre aux acteurs d'aujourd'hui et de demain de faire vivre une agriculture intelligente comme le propose par exemple Angela Schuster[79].

Un exemple d'agriculture d'avenir en Australie

En 2004, Angela a cofondé le Schuster Consulting Group, une société de conseil agile qui collabore avec les parties prenantes du secteur agricole au niveau national et international sur des projets liés à la normalisation dans des domaines tels que le bien-être animal, la durabilité, la sécurité des denrées alimentaires, la traçabilité, le management environnemental, les technologies de l'agriculture intelligente, la biosûreté et les déclarations relatives à la provenance, et enfin, au mode de production.

Angela et Peter, son époux et partenaire commercial, exploitent également une entreprise de production de laine, d'élevage d'agneaux primeurs et de bovins à viande, de cultures sèches et irriguées en Nouvelle-Galles du Sud, en Australie. Cette exploitation agricole extensive s'appuie sur une modeste gamme de technologies fondées sur l'agriculture intelligente, qui prennent en charge des activités allant de l'ensemencement, du suivi des cultures, de l'irrigation et de la fertilisation à la récolte et à la gestion du bétail.

Du fait de son expérience de la normalisation, des exploitations agricoles et de l'industrie, ainsi que de son appréciation des possibilités offertes par les solutions de l'agriculture intelligente à l'industrie agricole mondiale, Angela a été choisie afin de représenter l'ISO pour l'Australie auprès du Groupe consultatif stratégique sur l'agriculture intelligente (SAG-SF). Elle copréside le sous-groupe sur la production végétale et elle est membre du sous-groupe du SAG-SF sur l'élevage. Elle est également membre des comités techniques de Standards Australia sur la gouvernance et la gestion des TIC et sur les systèmes d'identification électronique des animaux et de capture de données.

Selon Angela, l'agriculture intelligente est indéniablement l'un des principaux moyens de produire plus de nourriture avec moins de ressources pour une population mondiale croissante. L'agriculture intelligente permet notamment d'accroître les rendements grâce à une utilisation plus efficace des ressources

[79] https://www.iso.org/fr/news/ref2799.html

naturelles et des intrants, et à une meilleure gestion des terres et de l'environnement.

L'agriculture intelligente soutient les activités de vérification, en corrélant les informations tout au long de la chaîne d'approvisionnement afin que les déclarations relatives à la production puissent être vérifiées. Celles-ci peuvent concerner la sécurité des denrées alimentaires produites (par exemple, dans le but de s'assurer de l'absence de tout résidu chimique nocif), le lieu où elles ont été cultivées, le traitement des animaux au sein de l'exploitation agricole ou les pratiques en matière de durabilité contribuant à la protection de l'environnement (comme la réduction des émissions de GES).

L'agriculture intelligente permet d'augmenter la démarche consistant à « prendre soin ». Elle aide les agriculteurs à mieux cerner certains facteurs essentiels tels que l'eau, la topographie, l'orientation, la végétation et la nature du sol. Ils peuvent ainsi déterminer comment utiliser de manière optimale certaines ressources rares dans leur environnement de production et les gérer de manière durable sur les plans environnemental et économique. Les agriculteurs peuvent également contrôler le volume et la qualité de leurs produits en temps voulu et adapter leurs techniques de production si nécessaire.

L'analyse des images satellites permet, par exemple, de déterminer l'état de santé des cultures et des pâturages au moyen de l'« indice de végétation par différence normalisée », ou de déceler des maladies ou la présence de parasites plus précocement que par le biais des techniques de surveillance manuelles. Comme l'illustre cet exemple, lorsqu'un agriculteur dispose de données supplémentaires, il peut dès lors mettre en œuvre des stratégies ciblées pour prendre soin au bon moment, pour prévenir d'éventuelles pertes en termes de production ainsi que l'augmentation des coûts. Il est ainsi possible de préserver les moyens de subsistance des exploitants, de permettre à ces derniers de continuer à fournir de la nourriture et d'autres produits naturels à la population générale, et de mieux gérer l'environnement. L'agriculture intelligente permet de prendre soin à la fois de la terre, de la récolte (ou du produit) et de l'exploitant.

Ainsi l'automatisation doit-elle transformer l'agriculture et le profil des personnes qu'elle occupe. Elle change la façon dont les agriculteurs prennent des décisions sur le terrain. Ils ont une meilleure vision des opportunités, des contraintes et des défis potentiels. Sur le plan économique, l'automatisation permet aux agriculteurs de gagner du temps et de limiter les coûts et le gaspillage, ce qui se traduit par des marges bénéficiaires plus importantes et une utilisation plus efficace des ressources.

L'automatisation influe également sur la nature même des emplois et la manière dont les tâches sont effectuées au sein des exploitations agricoles. Un nouvel ensemble de compétences est nécessaire pour comprendre et utiliser les technologies de l'agriculture intelligente. L'acquisition de ces nouvelles compétences renforce en outre l'autonomie des acteurs du secteur de manière générale et attire de nouveaux profils qui n'auraient peut-être pas envisagé auparavant de travailler dans le secteur agricole. Inversement, l'agriculture intelligente peut également réduire la complexité des compétences requises.

Des engrais à taux variable

Les semis à taux variable et l'application d'engrais au moyen de solutions issues de l'agriculture intelligente en sont un excellent exemple. Ces solutions reposent sur des systèmes logiciels permettant d'ajuster automatiquement les taux de semis ou d'engrais au fur et à mesure qu'un tracteur avance, en fonction des types de sol cartographiés et donc de la fertilité, de la salinité, de l'humidité du sol et d'autres paramètres. Dans certains cas, l'ajustement de ces taux peut se faire « en direct » — sur la base des images satellites en temps réel — ou en fonction de l'historique des différentes applications disponible sur des cartes numériques. L'application d'engrais à taux variable peut avoir un réel impact sur l'utilisation d'intrants et sur la qualité des produits grâce à des apports adéquats de macro- et micro-nutriments pour répondre aux besoins spécifiques des plantes cultivées dans différents environnements.

Dans ce cas précis, le conducteur du tracteur doit à la fois comprendre le logiciel et le fonctionnement de la machine, être capable de lire et d'interpréter les données, de surveiller l'application à mesure que le tracteur progresse dans le champ et d'effectuer les réglages nécessaires. Bien entendu, l'opérateur peut ne pas se trouver au volant du tracteur, ce qui lui donne la possibilité d'effectuer d'autres tâches tout en surveillant la progression de l'engin. Si la voiture autonome rencontre des difficultés pour être validée, on peut facilement imaginer un tracteur autonome dans un champ.

De même, les systèmes irrigués qui utilisent des solutions issues de l'agriculture intelligente peuvent intégrer des systèmes de distribution d'eau à débit variable dotés de sondes pour mesurer l'humidité du sol afin que les cultures ne soient irriguées que lorsqu'elles en ont besoin et là où elles en ont besoin, ce qui présente des avantages substantiels en termes de consommation d'eau et de rendement. Des technologies similaires peuvent être utilisées au niveau des systèmes agricoles en zone aride pour permettre aux exploitants de mieux comprendre le profil hydrique du sol et faciliter la prise de décision, notamment en ce qui concerne les semis, le potentiel de rendement et l'application d'engrais. Les opérateurs doivent être en mesure ensuite d'interpréter les résultats fournis par l'humidimètre ainsi que leur incidence en termes d'apport en eau et d'autres éléments. Ils doivent également être capables de surveiller et de vérifier le système, d'interpréter les données rapportées ou différents événements pour rectifier le tir si nécessaire.

On voit que dans ce cas, la technologie et les évolutions technologiques sont pleinement au service d'une économie du soin.

Bien sûr une telle organisation/réorganisation a un coût, mais au-delà de l'aspect matériel de l'« agriculture intelligente », si l'on considère également les données et le partage de données comme faisant partie intégrante de l'agriculture intelligente, il existe des applications abordables et simples à utiliser qui peuvent s'avérer particulièrement utiles pour les petits exploitants.

Si l'on n'associe pas de prime abord l'agriculture intelligente aux prévisions météorologiques via des applications disponibles sur les smartphones, celles-ci peuvent cependant exercer une forte influence sur la prise de décision des agriculteurs. Elles peuvent ainsi inclure les données de radars météorologiques ainsi que des alertes en cas de phénomènes extrêmes, par exemple des avis d'inondation ou de tempête, et permettre ainsi aux petits exploitants de déplacer leurs troupeaux vers des terrains surélevés, ou encore de protéger ou de récolter leurs cultures suffisamment à l'avance.

Qu'il s'agisse de tenir compte des prévisions météorologiques, de commercialiser un produit ou de réagir face à une épidémie, tous ces exemples illustrent de quelle manière les solutions fondées sur l'agriculture intelligente peuvent aider les petits exploitants. Et pour avoir accès à l'agriculture intelligente, les petits exploitants ont également la possibilité d'investir dans un esprit d'économie sociale et solidaire, c'est-à-dire collectivement, dans des solutions technologiques, éventuellement avec le soutien des pouvoirs publics. Les fournisseurs de solutions fondées sur l'agriculture intelligente sont également susceptibles de proposer des alternatives en vue de rendre leurs technologies plus accessibles, notamment par le biais d'accords de facturation à l'utilisation ou de la location d'équipements.

Le mouvement des SCOOP s'est révélé, depuis le lendemain de la Deuxième Guerre mondiale, un puissant levier de modernisation de l'agriculture, ceci en faisant jouer la solidarité, l'action en commun et la promotion des techniques les plus abouties. Le lait collecté auprès des éleveurs d'une région peut ainsi être acheminé à la laiterie coopérative, transformé en fromage ou en yaourt et commercialisé par les enseignes de grande distribution. De même des productions viticoles ou céréalières. L'économie sociale et solidaire se révèle ainsi l'instrument adapté à l'amélioration des performances de l'agriculture.

Des femmes, des arganiers et de l'esprit d'entreprise

Taroudan, Maroc. La présidente de cette coopérative féminine porte la tenue traditionnelle des femmes marocaines. À l'étage du bâtiment, une vingtaine de femmes concassent les noix d'où sera tirée la célèbre huile d'argan. Les arganiers, qui poussent à perte de vue, représentent l'essentiel des ressources de cette plaine brûlante du Souss.
Voici vingt ans, la présidente ne savait ni lire ni écrire ; elle ne parlait que le tamazight, la langue du pays. Et donc, un jour, elle entend son mari discuter avec un agent de développement rural. Elle prend contact avec lui ; c'est ainsi que naît l'idée de la coopérative. Elle provoque une réunion, et ça marche. D'autres coopératives de femmes se créent aux alentours. Aujourd'hui, elles commercialisent leurs produits par le moyen d'un GIE, ce qui permet d'en obtenir un meilleur prix en évitant les intermédiaires inutiles. Quant à celle qui est à l'origine du mouvement, elle préside un réseau international de coopératives agricoles et siège au Parlement. Itinéraire exemplaire d'une femme sobre en paroles, mais dont l'éclat du regard traduit toute la force d'âme.
Avant, l'épouse traditionnelle concassait chez elle quelques noix et l'huile qui en était extraite était vendue à vil prix par le mari, qui gardait l'argent pour lui. Aujourd'hui c'est à elle que la coopérative remet le prix de sa production. Donc, elle a de l'argent. Cet argent, il va notamment lui permettre d'envoyer ses enfants à l'école. Et de se faire respecter. Témoignage : « depuis que je suis à la coopérative, mon mari ne me bat plus ».
Aux yeux des professeurs de l'Université internationale d'Agadir, qui ont activement suivi le projet, il s'agit là de la reconstruction, par le bas, à la fois d'une économie viable et d'un tissu social plus riche. La création de valeur échappe désormais aux réseaux d'intermédiaires pour revenir, pour la plus grande part, aux producteurs. Un label, difficile à obtenir, garantit la qualité. Le GIE donne la possibilité de répondre à des commandes correspondant à des volumes importants, qui excéderaient la capacité de chacune des unités de production. L'économie de la région, autrefois misérable, renaît autour d'une filière correspondant à une production traditionnelle, mais qui fait désormais appel à des techniques modernes respectant un cahier de charges exigeant en matière sanitaire. Les doctorants de l'université sont heureux, car ils ont de beaux « terrains » à analyser.
En même temps, le tissu social s'est enrichi. La femme est respectée du mari. Les deux filles de la présidente suivent un enseignement universitaire tout en donnant un coup de main à leur mère en tenant la petite boutique qui jouxte

l'atelier de raffinage. Du coup, les hommes aussi se sont mis de la partie. Des coopératives mellifères sont en train de voir le jour, selon le même principe. L'une d'entre elles en profite pour y joindre un restaurant à l'intention des touristes. Des relations entre coopérateurs se nouent au plan international.
Et si c'était l'avenir ? Bien entendu, on ne peut guère envisager de coopératives de production de voitures automobiles ou d'extraction de pétrole. Mais à côté, il y a la production de produits alimentaires et artisanaux. On parle de « circuits courts », « de la fourche à la fourchette ». On parle d'économie circulaire, de travail coopératif, de développement des liens de proximité, de valorisation des territoires. L'esprit d'entreprise, ce n'est pas seulement la high tech et les multinationales. C'est aussi et peut-être d'abord, comme le soutenait, lors d'un colloque, un ancien ministre marocain qui fut aussi directeur général d'une *business school*, la vieille marchande d'oranges assise sur la place Jemaa el Fna et qui doit absolument vendre son stock pour donner à manger ce soir à ses enfants.

3.2. L'exploitation excessive des ressources contenues dans les sols

En ce qui concerne l'exploitation trop importante des ressources contenues dans les sols, il convient de rappeler qu'en 2023, le jour du dépassement de la Terre[80] est intervenu le 2 juillet 2022, dans un contexte marqué par des phénomènes climatiques extrêmes (sécheresses, canicules, feux de forêt). Chaque année, la date du jour du dépassement de la Terre est calculée en comparant la consommation annuelle de l'humanité en ressources écologiques (empreinte écologique) à la capacité de régénération de la Terre (biocapacité), et ce depuis que le déficit

[80] Le jour du dépassement, ou jour du dépassement de la Terre (en anglais : Earth Overshoot Day ou EOD) correspond à la date de l'année, calculée par l'ONG américaine Global Footprint Network, à partir de laquelle l'humanité est supposée avoir consommé l'ensemble des ressources que la planète est capable de produire en un an pour régénérer ces consommations ou absorber les déchets produits, dont le CO_2. Passé cette date, l'humanité puiserait donc de manière irréversible dans les réserves « non renouvelables » (à échelle de temps humaine) de la Terre et accumulerait les déchets.

écologique a commencé à se creuser au début des années 1970. Pour rappel, en 1971, le jour du dépassement de la Terre est intervenu le 25 décembre, en 2000, le 25 septembre et en 2010 le 8 août.

Cet indicateur montre bien que nous sommes dans une démarche qui nous amène à consommer plus que ne peut le permettre la terre. De nombreux exemples pourraient être développés à l'appui de ce constat, mais, là encore, pour ne pas nous disperser et rester tournées vers l'action, nous souhaitons nous focaliser sur le cuivre. Le cuivre est un métal naturellement présent dans la croûte terrestre, essentiel au développement de toutes les formes de vie. Il est en effet présent dans notre corps puisque le corps adulte contient entre 1,4 et 2,1 milligrammes de cuivre par kilogramme de poids corporel. Il a également été un métal vital dans le développement de la civilisation. C'est le plus ancien métal utilisé par l'homme — les premières pièces de cuivre datent de 8700 av. J.-C. — et, allié à l'étain, il forme le premier alliage jamais utilisé : bronze.

Le cuivre est utilisé dans de nombreux secteurs, tels que l'industrie de la construction (plomberie, toiture, construction navale et bardage), le secteur de l'énergie (centrales électriques et infrastructures électriques), celui de l'industrie, des transports ou dans les produits finis : dans de nombreux pays, c'est le principal composant des pièces de monnaie, des accessoires pour le logement, des chauffe-eau, etc. Le secteur des biens de consommation (appareils électroménagers, instruments de climatisation et de réfrigération, électronique industrielle et commerciale, et informatique) représente 29 % de la consommation de cuivre, suivi par celui de la construction (25 %), de l'industrie (19 %), de la transmission électrique (15 %) et enfin des transports (12 %). De fait, le cuivre est largement utilisé dans des applications à longue durée de vie, allant jusqu'à plusieurs décennies. On estime ainsi que les deux tiers du cuivre produit depuis 1900 étaient encore utilisés en 2020.

Tous les pays et toutes les industries ont besoin d'utiliser du cuivre. La production totalisait 16 millions de tonnes en 2011 et a augmenté graduellement pour atteindre 20,9 millions de tonnes en 2018 et un record de production en 2021 avec 21,16 millions de tonnes, soit près de 700 kg par seconde. La majorité des gisements de cuivre se trouvent dans les pays au sud de l'Équateur alors que les pays demandeurs se situent au Nord. Le Chili est le premier producteur de cuivre au monde en 2023 avec 5,7 millions de tonnes de cuivre, soit 29 % de la production minière mondiale. Le Chili possède les plus grandes réserves en 2021, avec 200 millions de tonnes, soit 23 % des réserves mondiales. La mine de Chuquicamata est la plus grande mine de cuivre à ciel ouvert du monde. Située dans le désert d'Atacama au nord du Chili à 15 km de la ville de Calama et à 250 km au nord-est d'Antofagasta, cette mine contient à elle seule 13 % des réserves mondiales de cuivre.

Les dix premiers pays producteurs de cuivre en 2023 sont le Chili, le Pérou, la République démocratique du Congo, la Chine, les États-Unis, la Russie, l'Indonésie, l'Australie, la Zambie et le Mexique. Malgré leur capacité de production, les États-Unis, toutefois, sont toujours en manque de cuivre et donc ils sont également des importateurs.

Le prix moyen mensuel par tonne était de 8 828 $ US en 2011, ce qui a constitué un premier record. Après 2011, les prix ont chuté pour atteindre un prix moyen mensuel de 4 868 $ US par tonne en 2016 avant de se rétablir partiellement à 6 530 $ US en 2018. Les prix ont chuté de nouveau en 2019 avec le début de la pandémie de la Covid-19, mais ils se sont rapidement rétablis. En avril 2021, le cuivre a franchi pour la première fois la barre des 10 000 $ la tonne, portée notamment par la croissance chinoise et des prévisions de hausse de la demande mondiale. En avril 2024, le prix du cuivre s'établissait à 8695,5 dollars la tonne et suivant les estimations, le prix du cuivre, dont la demande a doublé au cours des 25 dernières années, pourrait encore augmenter de 43 % d'ici 2035, par rapport à son niveau actuel[81].

La Chine, quant à elle, est connue comme étant le plus gros consommateur de cuivre au monde, suivie des États-Unis, de l'Allemagne, du Japon et de la Corée du Nord. En Europe et aux États-Unis, la demande émane des nouvelles technologies puisque les propriétés du cuivre ont permis de constater dans de nouveaux domaines l'intérêt qu'il présente. Le cuivre permet une meilleure performance des téléphones portables, des téléviseurs, mais aussi des DVD et des CD et surtout, désormais, des batteries pour l'industrie automobile.

Lorsque nous pensons aux composants d'une voiture, nous pensons généralement coques, moteurs, pneus et aux garnitures intérieures. Nous oublions souvent qu'une voiture à moteur thermique contient environ 25 kg de câblage en cuivre. Une voiture électrique, quant à elle, contient trois fois plus de cuivre à cause de ses rotors. Aujourd'hui, moins de 1 % des véhicules dans le monde sont électriques. Cependant, ce nombre devrait augmenter de façon spectaculaire d'ici 2040, car on prévoit que plus de la moitié de toutes les nouvelles voitures seront électriques. Et plus de véhicules électriques signifie davantage de cuivre, car au-delà du véhicule lui-même il faut construire des bornes de recharge et parfois mettre à niveau les réseaux électriques pour soutenir une forte augmentation de la consommation d'énergie.

---

[81] https://www.journaldunet.fr/patrimoine/guide-des-finances-personnelles/1146972-prix-des-metaux-2024-tous-les-tarifs-en-avril/

Les données publiées par l'International Copper Association confirment ainsi que les États-Unis auront besoin de plus de 40 millions de bornes de charge au cours des 10 prochaines années, ce qui signifie l'utilisation de 100 000 tonnes de cuivre supplémentaires annuellement. On prévoit également qu'un peu moins de trois millions de ces stations seront construites en Chine d'ici 2030. Ainsi, au cours de la prochaine décennie, les experts prévoient que la demande mondiale de cuivre pourrait atteindre cinq millions de tonnes par an. Dès que les véhicules électriques deviendront plus populaires et accessibles, c'est donc 11 millions de tonnes de cuivre supplémentaires qui seront requises pour les seuls véhicules électriques !

Le cuivre fait partie des rares matériaux qui ne se dégradent pas ou ne perdent pas leurs propriétés chimiques ou physiques dans le processus de recyclage. Ce recyclage permet potentiellement d'étendre l'utilisation des ressources et de minimiser la quantité de déchets produits. Au-delà de la production que nous avons vue précédemment, il se consomme près de 28 millions de tonnes de cuivre par an sur la planète, dont plus de 30 % issu du recyclage (presque 50 % dans l'UE). Ce sont ainsi quelque 9 millions de tonnes de métal rouge qui sont recyclées chaque année dans le monde, ce qui représente une économie de 40 millions de tonnes de CO2 (l'équivalent de ce qu'émettent chaque année 16 millions de voitures particulières). Car recycler des déchets cuivreux permet de réaliser une économie d'énergie de 80 % à 90 % par rapport au processus permettant d'obtenir du cuivre primaire à partir de minerai.

Il existe deux procédés de recyclage du cuivre : soit par affinage, soit par fusion. Ces procédés ne s'appliquent pas aux mêmes déchets et ne permettent pas de produire les mêmes qualités. L'affinage consiste en la production de cathodes et lingots à partir d'un mélange de concentrés cuivreux primaires et de déchets de qualité moindre (peu triés, alliages complexes...). Un autre procédé vise à obtenir du cuivre pur à au moins 99,9 %. Celui-ci, le recyclage par fusion, consiste en la production de lingots et de produits de première transformation à partir de déchets de qualité supérieure (chutes de production, cuivre métallique, déchets triés[82]...). Quoi qu'il en soit, la production de la matière première secondaire requiert ainsi beaucoup moins d'énergie que celle nécessaire à la production de cuivre primaire issu de l'extraction. Recycler le cuivre requiert 5 fois moins d'énergie que de l'extraire des mines. Avec une demande mondiale qui ne cesse d'augmenter, la filière du recyclage a donc dû potentie, d'autant qu'elle est aussi en mesure de produire des alliages à haute valeur ajoutée. Les cupronickels (cuivre-nickel), cuprosiliciums (cuivre-silicium), ou autres cuproaluminiums (cuivre-aluminium) sont autant de métaux affichant des caractéristiques mécaniques (dureté et résistance au frottement) et chimiques (résistance à la corrosion) intéressantes.

Cependant, l'activité de recyclage du cuivre mobilise de gros moyens financiers. Des besoins en fonds de roulement et en trésorerie importants que les groupes purement financiers apprécient peu. Installée depuis plus de cent ans dans la Sarthe (72), l'usine Lego, qui emploie 110 personnes, était par exemple promise à la faillite après que son propriétaire eut décidé de s'en désengager définitivement. Une fermeture évitée de justesse avec la reprise par le groupe français Aurea, spécialisé, quant à lui, dans l'activité du recyclage.

[82] https://www.mineralinfo.fr/fr/economie-circulaire-recyclage/ressources-secondaires-france

III.

L'économie du soin appliquée aux objets

Ce sont toutes nos activités de production qui, d'une façon ou d'une autre, affectent l'état de la planète. Rappelons ici que, selon les procédés de calcul comptable de l'économie commerciale, les dégâts infligés, soit à la nature, soit aux communautés humaines, ne sont pas ou ne sont que marginalement pris en compte. L'objectif, c'est de produire, et de produire afin d'en tirer un profit. Dans ces conditions, les effets induits négatifs sont, autant que possible, ignorés ou dissimulés. Il faut, pour qu'ils soient pris en considération, soit une intervention des pouvoirs publics, soit une démarche proactive fondée sur l'espoir d'en tirer bénéfice, au moins à terme.

Évoquer l'économie du soin telle qu'elle peut s'appliquer aux objets produits et consommés serait évidemment une tâche qui excéderait de très loin les limites du présent ouvrage. C'est la raison pour laquelle on se sera limité à deux types de production : celles qui concernent les vêtements et celles qui concernent le verre et l'utilisation du verre.

1. Les vêtements

Pour comprendre nos difficultés pour passer d'une économie de production à une économie du soin en ce qui concerne les vêtements, il faut d'abord prendre la mesure de ce que représente le marché de l'habillement aussi bien au niveau mondial qu'en France. On s'efforcera ensuite d'identifier le niveau de pollution associé à cette industrie et la remise en cause, par les consommateurs, de certaines pratiques, pour enfin étudier les initiatives mises en place dans le cadre de la lutte contre le gaspillage ou en faveur de l'économie circulaire.

La France est connue dans le monde entier pour la mode et l'élégance à la française. La France compte un leader mondial de la mode et nous devons en être fiers, car, au-delà de l'aspect financier, cela signifie que des femmes et des hommes se forment tous les jours, montent en compétences et donnent le meilleur d'eux-mêmes. LVMH est de loin la société de mode avec la capitalisation boursière la plus élevée au monde. Elle a même permis à la bourse européenne de connaître un moment historique, car LVMH a franchi en janvier 2023 le cap des 400 milliards d'euros de capitalisation. C'est la première fois qu'une entreprise du Vieux Continent dépassait cette barre.

Nike se place en deuxième position, avec une capitalisation boursière de 163,1 milliards de dollars. Dior vient ensuite. La valeur de la capitalisation boursière de LVMH est à peu près égale à celle des sept sociétés classées de la quatrième à la dixième place. D'après Forbes, Louis Vuitton est la troisième marque la plus en vogue de la mode et la marque de mode la plus performante, en 9e position par rapport à toutes les marques (pas seulement de mode) dans le monde avec une valeur de marque évaluée à 47,2 milliards de dollars.

1.1. Panorama d'une économie de production, voire de surproduction

Selon l'Institut français de la mode, en 2023, l'UE a exporté pour 37,3 milliards d'euros d'habillement, contre 29 milliards en 2019 (année de référence avant Covid). Sur un an, l'Europe connaît une progression de 4 % de ses exportations vers l'Asie (9,4 milliards) et de 3 % de ses exportations vers les pays du pourtour méditerranéen (2,5 milliards), tirées par la Turquie (+30 %).

Mais les commandes sont cependant en chute chez ses trois premiers clients, que sont Suisse (–8 %), Royaume-Uni (–5 %) et États-Unis (–8 %). Sont également à noter les chutes des commandes canadiennes (–9 %) et mexicaines (–40 %).

Côté textiles, les exportations chutent de 4 % sur un an à 27,1 milliards. Pour comparaison, elles avaient atteint 23,8 milliards en 2019. Premiers clients de l'UE, Royaume-Uni et États-Unis affichent des reculs de 7 % et 8 %. Seule l'Asie a maintenu ses niveaux de commandes grâce à une progression du 3e plus gros client, la Chine (+9 %), mais aussi grâce à la croissance de l'Inde (+17 %) et à la stabilité du Vietnam.

En 2021, il y avait 2 500 entreprises[83] (63 % de PME) françaises dans le secteur de l'habillement. Ces dernières emploient 32 000 salariés en France et plus de 300 000 à l'étranger. Le chiffre d'affaires des industries françaises de l'habillement est de 15 milliards d'euros, dont 8,7 milliards, soit 58 %, sont réalisés à l'international.

Selon le bilan annuel de l'observatoire économique de l'Institut français de la mode, déjà cité, le marché d'habillement a totalisé 26,2 milliards d'euros en 2022. Cela représente une progression de 3,9 % par rapport à l'année précédente qui avait

---

[83] https://volago.fr/mode-en-france/

connu une hausse de 8,2 % par rapport à 2020. On constate donc un ralentissement de la croissance sur ce marché.

L'augmentation des ventes de textile et d'habillement est principalement portée par la progression des grands magasins (+22,7 %), les chaînes spécialisées (+7 %) et les chaînes de grande diffusion (+5 %). Les pure-players accusent un repli de 12 % après quelques années fastes.

Les prix des vêtements ont augmenté[84] de 6 % en 2022 et de 4 % en 2023. Une telle augmentation n'avait jamais été observée. En comparaison, les prix avaient augmenté de seulement 9 % entre 2013 et 2019.

En 2022, 56 % des femmes affirment avoir acheté moins de vêtements que d'habitude, un chiffre qui tombe à 42 % pour les hommes. La principale raison avancée est : « mon budget ne me permet pas de dépenser autant qu'avant ».

L'Observatoire économique de l'IFM indique avoir noté un véritable « réveil de la mode masculine » avec une augmentation de 11,3 % en 2022 par rapport à l'année précédente. L'hypothèse la plus probable, selon les enseignes interrogées, serait que la mode masculine est un « marché de besoin », et qu'il est, de ce fait, moins impacté par les aléas économiques d'une part, et porté par une « une volonté de rééquipement » par suite du Covid d'autre part.

Bien que les Français·es affichent une volonté affirmée de consommer plus responsablement, le prix reste un critère fondamental dans les choix de consommation pour 78 % des Français·es suivi de près par la qualité, la coupe (56 %). L'impact environnemental d'un produit est important pour seulement

84 https://fr.fashionnetwork.com/news/Vers-une-stabilisation-des-prix-de-l-habillement-en 2024,1580794. html#:~:text=Apr%C3% A8s%20avoir%20 progress%C3%A9%20en%20moyenne,augment%C3%A9%20de%204%25%20en%202023.

27 % des consommateurs.trices. 63 % des plus aisé·es disent ne pas vouloir payer plus cher pour un produit plus responsable. Ils étaient 45 % en 2021, ce qui représente une augmentation de 18 points de pourcentage.

Seulement 39 % des consommateur·trices sont prêt·es à payer plus cher pour un produit plus responsable. Et pour acheter des vêtements éco-responsables :

– 13 % acceptent de payer 5 % de plus que pour un article de mode classique ;

– 37 % acceptent de payer 10 % de plus ;

– 31 % acceptent de payer 25 % de plus ;

– 12 % acceptent de payer 50 % de plus ;

– 3 % acceptent de payer 75 % de plus ;

– 2 % acceptent de payer 100 % de plus ;

– 2 % acceptent de payer plus de 100 % de plus.

Un t-shirt de fast fashion peut coûter 9,99 €, un t-shirt éthique en coton bio environ 26 € (160 % d'augmentation) et un t-shirt fabriqué en France 40 € (300 % de plus).

Cela crée un véritable phénomène d'aubaine pour le marché de la seconde main. Le poids de la mode d'occasion est estimé à plus de 6 milliards d'euros en 2022 contre seulement 1 milliard en 2018. Et l'habillement représenterait environ 4 milliards d'euros dans ce total, et le textile 1,16 milliard d'euros.

Les acteurs du secteur s'organisent donc pour faire face à Leboncoin et Vinted. En effet, 38 % des acteurs consultés par l'IFM annoncent avoir développé une offre de seconde main et 24 % annoncent vouloir la développer durant l'année. 74 % des acheteurs·euses en ligne déclarent avoir le réflexe de vérifier si le produit n'existe pas en seconde main avant de l'acheter neuf.

Par ailleurs, plus de 80 % des cyberacheteurs ont déjà acheté des produits reconditionnés ou de seconde main et/ou vendu eux-mêmes des articles en ligne.

Leboncoin est le deuxième site e-commerce le plus visité en France derrière Amazon avec 6,6 millions de visiteurs·euses français.es chaque jour. Et Vinted n'est pas loin (5e place) avec 4,9 millions de visites françaises quotidiennes.

Le marché mondial de la mode d'occasion est estimé à 177 milliards de dollars en 2022, et il devrait quasiment doubler à l'horizon 2027 pour atteindre 350 milliards de dollars.

1.2. Une économie de production qui pollue, mais qui est petit à petit remise en cause par les consommateurs.

L'industrie de la mode est la deuxième industrie la plus polluante au monde après l'industrie pétrolière. Comme l'indiquent les constats du rapport *La mode sens dessus dessous* de l'ADEME (Agence de l'environnement et de la maîtrise de l'énergie) sur l'impact de la mode et de l'industrie textile sur l'environnement, la mode se déploie au détriment de la planète et des hommes. Selon différentes sources, entre 100 et 130 milliards de vêtements sont produits chaque année dans le monde pour 8 milliards de personnes existantes. De leurs lieux de confection jusqu'à nos placards, les vêtements polluent notre planète.

Parce que nous ne voulons pas être déprimants, mais qu'il faut tout de même prendre la mesure du sujet que nous traitons, rappelons quand même que l'industrie textile émet 1,2 milliard de tonnes de gaz à effet de serre chaque année, ce qui représente jusqu'à 10 % des émissions de gaz à effet de serre mondiaux, soit davantage que le transport maritime et l'aérien international réunis. Les émissions de gaz à effet de serre du textile viennent en grande partie de l'énergie consommée par les machines qui transforment la matière première en vêtements. Toutes ces machines consomment en effet beaucoup d'électricité ; or, en Asie, l'électricité est produite par des centrales à charbon ou à gaz, des énergies fossiles extrêmement polluantes. Donc, plus on produit de vêtements, plus on pollue.

Prenons l'exemple du jeans, l'emblème de nos placards : du champ à la boutique, un jeans peut parcourir jusqu'à 1,5 fois le tour de la Terre (65 000 km). L'Agence de la transition énergétique (Ademe) rappelle que pour le fabriquer, on utilise souvent du coton cultivé en Inde ou en Afrique qui sera ensuite teint dans un autre pays puis renvoyé en Asie pour la confection afin d'être finalement vendu en France et partout dans le monde. Un rapport des Nations unies estime qu'il faut 7 500 litres d'eau pour fabriquer ce jeans, soit l'équivalent de l'eau bue par un être humain pendant sept ans ou l'équivalent approximatif de 70 douches.

a) Des matières premières polluantes

Par ailleurs, si le transport est l'un des fléaux de l'industrie textile, ce n'est peut-être pas le pire. Les matières premières utilisées pour fabriquer nos vêtements participent grandement au problème. La production des matières premières représente 15 % de la contribution du produit au réchauffement climatique, 30 % de sa contribution à la dégradation des écosystèmes, 18 % de son impact sur les ressources, et 31 % de sa consommation d'eau[85]. Celles-ci ne sont pas anodines : le polyester, par exemple, la matière la plus utilisée aujourd'hui dans le prêt-à-porter, est une fibre synthétique produite à partir de pétrole. Quant à la viscose, sa fabrication demande d'utiliser des produits chimiques toxiques. L'élevage, nécessaire à la confection de la laine et du cuir, est aussi un gros pourvoyeur de gaz à effet de serre.

---

[85] Mode responsable : le guide pour agir de Deloitte Développement durable.

La culture du coton n'est pas plus exemplaire. On ne s'en rend pas forcément compte lorsqu'on achète un énième tee-shirt en coton, mais pour le fabriquer, il faut l'équivalent de 70 douches. La culture du coton est en effet très gourmande en eau, tout comme en pesticides, d'ailleurs. L'industrie textile est ainsi le troisième secteur le plus consommateur d'eau dans le monde après la culture du blé et du riz et 4 % de l'eau potable disponible est utilisée pour produire nos vêtements.

b) la pollution de l'eau

Comme nous l'avons vu dans un chapitre précédent, l'économie du soin doit, entre autres, porter sur l'eau. En ce qui concerne le textile, d'un côté il y a la consommation d'eau, de l'autre il y a la pollution, car de nombreux pays ne bénéficient pas d'infrastructures de traitements des eaux utilisées pour la fabrication de nos vêtements. Ainsi, 70 % des eaux des rivières et lacs en Chine sont polluées, notamment à cause de l'industrie textile. Les usines rejettent notamment des teintures, qui contiennent des substances chimiques et sont donc polluantes pour l'environnement et dangereuses pour la santé[86].

Dans son étude *Les Dessous toxiques de la Mode*, Greenpeace s'est penchée en 2012 sur 20 marques (dont Zara, Nike, Levi's, ou encore C&A). L'enquête a révélé la présence de produits toxiques polluants dans les vêtements, comme les phtalates, toxiques pour les êtres humains et les animaux, et les éthoxylates de nonylphénol qui finalement agissent comme un perturbateur endocrinien.

Dans la ville de Xintang, dans la province du Guandong en Chine, souvent perçue comme étant la capitale mondiale du jeans avec ses 3 000 usines et ateliers qui produisent 300 millions

---

[86] Selon l'enquête « Dirty Laundry » (linge sale, en français) menée en 2011 par Greenpeace.

de paires par an soit 800 000 par jour, l'usine locale de traitement des eaux a fermé ses portes il y a des années, laissant les usines déverser les déchets de teinture directement dans l'East River, un affluent de la Pearl River. Elle est devenue opaque. La vie aquatique ne pouvait plus survivre. Greenpeace a rapporté que le lit de la rivière contient des niveaux élevés de plomb, le cuivre et le cadmium. Les rues de Xintang sont bleues et de nombreux travailleurs auraient souffert d'éruptions cutanées, d'infertilité et d'infections pulmonaires[87]. Régulièrement, lors de ses conférences, Orsola de Castro, co-fondatrice du mouvement Fashion Revolution, déplore ainsi qu'on puisse « prédire la prochaine couleur à la mode en regardant celle des rivières en Chine ».

c) Et donc, un modèle remis en cause petit à petit par les consommateurs.

Le 24 avril 2013, dans la banlieue de Dacca au Bangladesh, un immeuble d'ateliers, le Rana Plazza, s'est effondré. Cette usine textile de huit étages produisait des vêtements pour de grands distributeurs européens de mode rapide dite « fast-fashion ». Le bilan humain s'est avéré catastrophique : 1 138 ouvrier·ère·s ont perdu la vie et 2 500 ont été blessé·e·s. Mondialement médiatisé, l'effondrement de l'immeuble a éveillé les consciences des consommatrices et des consommateurs et a mis en lumière les conditions de production déplorables de l'industrie textile. Cet événement a constitué un premier « électrochoc », porteur d'un nouveau mode de consommation. Les conditions de production des travailleurs ont évolué sur les questions sécuritaires et salariales depuis l'effondrement du Rana Plaza, mais cela reste encore minime et insuffisant. En janvier 2019, cinquante-deux

---

[87] Dans un article de *Marie-Claire*, la journaliste Mélody Thomas cite le livre *Fashionopolis, le vrai prix de la mode et ce qui peut la sauver*, de la journaliste américaine Dana Thomas.

usines au Bangladesh ont été bloquées par les ouvriers réclamant de meilleurs salaires.

Depuis quelques années, un nouveau mode de consommation et de production se fait jour, fondé sur la volonté de développer une mode éthique et durable (« slow fashion »). Location de vêtements, circuits courts de production et de distribution, promotion du « Made in France » ou « Made in Europe », sont des exemples de pratiques liées à cette nouvelle façon de penser la mode. Ainsi, la relation aux vêtements est en train d'évoluer. En fait, la vente de vêtements a plongé de 20 % en dix ans. Il suffit d'observer la procédure de sauvegarde chez Celio, la mise en vente de Pimkie en mai 2022, ou encore San Marina placée en redressement judiciaire à la mi-septembre 2022...

En 2023, le secteur de l'habillement a connu une tempête économique inédite. Camaïeu, Minelli, Naf-Naf, Pimkie, Gap France, Kookaï, Jennyfer, Kaporal ou les chaussures San Marina et André... Des centaines de boutiques se sont retrouvées en redressement judiciaire ou ont dû baisser définitivement leurs rideaux de fer. Plus de 4 000 salariés ont perdu leur emploi en France sur les douze derniers mois dans le secteur de l'habillement en France, d'après le magazine Capital. Plus de 45 900 emplois depuis début 2010, selon le journal *Ouest-France*. Des postes occupés en majorité par des femmes à temps partiel.

L'année 2024 pourrait être une nouvelle année noire pour le secteur de l'habillement en France. Le 5 février, IKKS a annoncé une réduction de ses effectifs et la fermeture de 77 magasins sur 604 points de vente et corners. L'enseigne Burton of London a été placée en liquidation judiciaire et 47 magasins ont fermé impliquant la suppression de 200 emplois. Par ailleurs, les magasins Galeries Lafayette de Michel Ohayon ont été placés en procédure de sauvegarde ce mercredi 22 février. Au total, 26 magasins sont concernés. La liste des entreprises de textile françaises en difficulté ne cesse de s'allonger. Ce n'est pas une surprise pour les clients interrogés, qui sont moins enclins à acheter en boutique. « J'achète vachement moins. Je sens que lorsque j'achète, c'est que j'en ai besoin », explique une femme.

La clientèle se fait d'autant plus rare pour les enseignes de milieu de gamme, coincées entre les marques plus chères d'un côté et les boutiques à plus petit prix de l'autre. Pour reprendre une image économique, la mode était auparavant un marché en forme de losange. C'est-à-dire qu'il y avait un milieu de gamme qui était très fort et un bas et un haut de gamme qui étaient plus restreints. Le marché est en train de basculer en forme de sablier. En dix ans, la vente de vêtements a plongé de 20 %.

Dans un contexte où le marché de la mode et notamment celui de l'habillement a subi de nombreuses turbulences depuis une dizaine d'années, il nous semble opportun de faire un point complet sur son évolution. Cette démarche apparaît d'autant plus nécessaire que de nouveaux acteurs sont apparus depuis quelques années en France, bousculant les hiérarchies et gagnant des parts de marché dans un univers de plus en plus concurrentiel.

Afin d'y voir clair sur les tendances du marché, il est bien sûr important d'étudier les variations en valeur, mais il est également indispensable de mesurer les évolutions en volume. C'est la raison pour laquelle, nous nous sommes appuyés sur l'étude menée par l'Institut Kantar et l'Institut français de la Mode pour présenter une vision complète des mutations du marché. L'Institut Kantar mesure les comportements d'achats des clients en détaillant les sommes dépensées, les quantités achetées et les prix payés grâce à son panel de consommateurs, tandis que l'IFM mesure l'évolution mensuelle des ventes grâce à son panel de distributeurs. Ils ont ainsi choisi d'examiner plus particulièrement la période 2009-2019. Ces dix années qui ont précédé l'apparition de la crise sanitaire sont en effet révélatrices des changements qui sont apparus sur le marché français.

1.3. Une lutte contre le gaspillage et une économie circulaire qui se mettent lentement en place.

a) L'étendue du gaspillage

Dans ce système basé sur la surconsommation, la mode jetable porte bien son nom. En Europe, environ 4 millions de tonnes de déchets vestimentaires sont jetées par an. Le site d'informations Novethic a résumé l'ampleur du gaspillage vestimentaire avec ces quelques chiffres :

70 % des vêtements qui constituent notre garde-robe ne sont pas portés.

Chaque année, un Français achète 9 kg de vêtements et en donne 3 kg.

L'équivalent d'une benne de vêtements est jeté chaque seconde dans le monde.

Cependant, le gaspillage vestimentaire ne concerne pas seulement les consommateurs, mais aussi les marques de mode rapide. En effet, pour que les prix restent abordables, les marques se doivent de produire en masse. Ainsi, les invendus sont stockés, mais cela a un coût onéreux : le loyer des entrepôts de stockage et les impôts sur le stockage. Aussi, le recours à l'incinération des invendus est très fréquent. Il est courant que les entreprises elles-mêmes jettent leur production et contribuent au gaspillage vestimentaire.

Or, les vêtements teints, enfouis, peuvent contaminer les sols et avoir un impact catastrophique sur les nappes phréatiques (et donc sur la planète). Beaucoup de vêtements jetés échouent dans les décharges indiennes ou chinoises, où ils mettront, pour les fibres synthétiques, plus de 200 ans à se dégrader, ceci en dégageant des gaz toxiques. Et nul n'ignore les dégâts que les produits chimiques utilisés dans la fabrication des textiles infligent à la nature.

Cette consommation cache de fortes disparités. Si un Nord-Américain achète en moyenne 16 kg de vêtements par an, le chiffre n'atteint que 12,6 kg dans l'Union européenne et chute à seulement 2 kg dans les pays du Moyen-Orient, selon Greenpeace. La demande en vêtements est toutefois en progression sur les continents asiatique et sud-américain, d'après la Fondation environnementale Ellen MacArthur.

Selon une étude de l'ONG Les amis de la Terre, publiée en juin 2023, le géant chinois de la fast fashion Shein proposait alors « 470 000 modèles » différents, « disponibles en temps réel » sur son site. Cela correspondait à 7 200 modèles ajoutés chaque jour en moyenne, avec des pointes à 10 800, selon cette enquête menée en étudiant les « nouveautés vestimentaires commercialisées » par l'entreprise durant le mois de mai 2023.

En France, chaque habitant achète 9,5 kg de textiles et de chaussures par an en moyenne, selon l'Agence de l'environnement et de la maîtrise de l'énergie (Ademe). Dans le monde, ce sont 100 milliards de vêtements qui sont vendus chaque année.

D'après les chiffres mis en avant par le ministère de la transition écologique, la production mondiale de vêtements a doublé en seulement quatorze ans, entre 2000 et 2014. En revanche, la durée de vie des produits a, elle, diminué d'un tiers. Les Européens jettent en moyenne 11 kg de matières textiles par an, selon la Commission européenne. Cela correspond à 4 millions de tonnes jetées au total dans l'UE : 80 % le sont dans la poubelle pour ordures ménagères et finissent par être enfouis ou incinérés. Il est à noter qu'un nouveau règlement sur

« l'écoconception » a fixé en 2022 de nouvelles exigences visant à rendre les produits « plus durables, fiables, réutilisables, évolutifs, réparables, faciles à entretenir, à rénover et à recycler, et efficaces sur le plan de l'énergie et des ressources ». En effet, les émissions générées par l'industrie textile (vêtements et chaussures) dans le monde, au-delà de la seule fast fashion, équivalent à 4 milliards de tonnes d'équivalent CO_2. « C'est plus que l'impact des vols internationaux et le trafic maritime réunis », indique l'Ademe. Ce total inclut toutes les phases de fabrication, de transport et de commercialisation de ces articles, y compris la production de matières premières.

Les Français se situent dans la moyenne basse en Europe, avec 9 kg de vêtements achetés par personne et par an, suivant une courbe descendante depuis les années 1960. Selon l'Institut national de la statistique et des études économiques (Insee), le budget des foyers s'est vu de plus en plus contraint par des dépenses préengagées et difficilement négociables à court terme (loyer, contrats d'assurance et de téléphone). De nombreux ménages français ont donc diminué leurs achats de vêtements pour compenser. Le marché de la seconde main s'est par ailleurs bien installé en France après la crise économique de 2008, contribuant à la diminution des achats en boutique.

Une étude du Parlement européen explique qu'en 2015, les Européens ont acheté 6,4 millions de tonnes de nouveaux habits et chaussures... Soit 12,66 kg par personne. Or, ces vêtements sont parfois portés une dizaine de fois, pas plus.

Pourtant, si on multipliait par deux la durée d'usage d'un vêtement (en lui donnant une seconde vie par exemple), les émissions de gaz à effet de serre seraient réduites de 44 % selon la Fondation Ellen McArthur. « Porter un vêtement trois mois de plus réduit de 10 % son empreinte carbone, soit son impact sur le dérèglement climatique », rappelle également Majdouline

Sbai dans son livre *Toujours moins cher mais à quel prix ? Huit solutions pour une mode éthique*. Mais la fast fashion compte sur les consommatrices et les consommateurs pour acheter toujours plus de vêtements, en sortant des nouvelles collections pratiquement toutes les semaines. Or, ce rythme effréné entraîne des conséquences dramatiques pour notre planète.

Pour la première fois, le 23 août 2019, en marge d'un sommet du G7, trente-deux entreprises du textile, des groupes Adidas et Nike à Chanel et Prada, en passant par H&M et Gap, ont décidé de s'engager à diminuer l'empreinte carbone du secteur de l'habillement. Ces géants de la mode ont signé un « Fashion Pact » (pacte de la mode) visant à atteindre zéro émission nette de dioxyde de carbone (CO2) d'ici à 2050 et à passer à 100 % d'énergies renouvelables sur toute la chaîne d'approvisionnement d'ici à 2030.

b) Une économie circulaire qui peine à se développer, mais qui possède un énorme potentiel

En Europe, selon l'Ademe, on se débarrasse chaque année de 4 millions de tonnes de textiles, « dont 80 % sont jetés dans la poubelle pour les ordures ménagères et finissent par être tout simplement enfouis ou incinérés ».

Parallèlement, en France, 600 000 tonnes de vêtements neufs sont mises sur le marché chaque année, dont seulement le tiers est recyclé. Selon l'Agence de l'environnement et de la maîtrise de l'énergie (Ademe), la production de vêtements a doublé entre 2000 et 2014. Pour autant, seules 210 000 tonnes de textiles et chaussures usagés ont été collationnées, dont 60 % en vue d'une réutilisation.

Oxfam France possède plusieurs « Charity shops » depuis une dizaine d'années, c'est-à-dire des magasins solidaires de seconde main, sur le modèle des boutiques développées par Oxfam en

Grande-Bretagne depuis les années 1940. On compte aujourd'hui 550 magasins Oxfam de seconde main au Royaume-Uni. Ces magasins ont un double objectif :

– Promouvoir la seconde main et ainsi défendre une mode plus durable, responsable, à rebours de la « fast fashion » et de toutes ses conséquences.

– Collecter des fonds pour soutenir les actions de l'association Oxfam France, par la revente des produits donnés en magasins.

Choisir la seconde main, c'est défendre un autre mode de consommation, plus durable, plus responsable. Pour cette raison, depuis 2019, Oxfam a lancé un nouveau défi à tous les consommateurs et consommatrices : ne rien acheter de neuf durant un mois entier ! L'occasion de montrer que la réutilisation, mais également la modération de sa consommation, sont tout à fait possible. En changeant progressivement nos modes de consommation, nous avons le pouvoir de faire advenir un monde plus durable et juste.

Dans son Dressing à Paris, Oxfam France offre également des produits neufs proposés par des marques de mode éthique qu'elle met ainsi en lumière. Par leur mode de production et le choix de leurs matières premières, ces marques valorisent les circuits courts, la transparence, le respect des travailleurs et de l'environnement.

Certains grands industriels comme H&M ou Marks and Spencer commencent à prendre la mesure du problème et à profiter des innovations techniques pour offrir des gammes de produits moins polluantes. Par exemple, Marks & Spencer a lancé un programme, appelé « Plan A », qui cherche à atteindre 100 objectifs durables et qui montre que ses efforts ont déjà rapporté 625 millions de livres britanniques à la société. Le groupe est également partenaire du programme « Better Work », dont l'un des enseignements majeurs est le suivant : le groupe a démontré qu'augmenter les salaires pour les ouvriers textiles augmenterait leur productivité. En effet, 65 % des usines vietnamiennes participant au programme « Better Work » ont vu leur productivité et leurs ventes augmenter lorsque les salaires de base ont été eux-mêmes augmentés.

Ainsi, pour boucler la boucle de notre étude, LVMH a adopté un processus de recyclage textile de haute qualité avec Weturn. Née d'une volonté d'accompagner les acteurs de l'industrie du textile à anticiper la loi AGEC, effective le 31 décembre 2021, la jeune start-up, fondée en 2020, s'est donné pour mission de développer la première filière de recyclage dédiée aux invendus textiles, rouleaux de tissu et chutes de confection des grandes maisons protégés par la propriété intellectuelle, ceci en les transformant en nouveaux fils de qualité, 100 % traçables et européens, afin de limiter le recours à l'incinérateur, mais aussi l'usage perpétuel de ressources naturelles vierges dans les nouveaux produits.

Weturn collabore ainsi avec plusieurs maisons du groupe LVMH pour les accompagner dans le recyclage de leurs textiles et les aider à réutiliser ces matières recyclées en futurs produits (packaging, accessoires, toiles pour les ateliers, uniformes pour les équipes ou projets de recherche pour l'intégration dans des produits de prêt-à-porter) qui leur sont destinés ou à destination du marché qui seront réutilisées par d'autres marques et designers. Weturn apporte donc une solution innovante à l'industrie pour atteindre des taux de recyclage supérieurs à 50 %, tout en apportant la promesse de la transparence via une chaîne de traçabilité, de la collecte à la réutilisation.

Comme l'indique Hélène Valade, directrice Développement Environnement du groupe LVMH, en s'associant à la start-up française Weturn, le leader mondial du luxe LVMH complète sa palette de solutions de circularité créative et poursuit ainsi son engagement en faveur de l'économie circulaire, pilier majeur défendu par le Groupe à travers son programme LIFE 360 (LVMH Initiatives For the Environment). Cela permet au groupe d'amorcer une nouvelle étape en vue d'atteindre ses ambitions dans le domaine de la circularité créative, qui constitue l'un des 4 plans stratégiques de LIFE 360. Alors que les designers intègrent de plus en plus l'upcycling dans leurs collections, que la plateforme Nona Source leur permet de se procurer des tissus et cuirs non utilisés de grande qualité, et que CEDRE, société spécialisée dans la collecte de déchets, intervient sur la fin de vie des produits, Weturn offre à LVMH la possibilité de recycler sous forme de bobines de fil leurs produits finis invendus, leurs tissus siglés et emballages textiles. « Après une année dédiée à la création d'une filière de recyclage, nous sommes fiers d'intégrer le marché de l'économie circulaire en servant la cause des invendus et produits protégés aux côtés de maisons prestigieuses telles que celles du groupe LVMH, qui font le rayonnement de la France à l'étranger. Nous avons pour ambition de contribuer à la relance de l'industrie textile européenne en démontrant que la valeur d'un produit réside dans ses matières premières », ajoute Sophie Pignères, Fondatrice de Weturn.

c) en guise de conclusion

Traditionnellement, l'industrie de la mode produisait deux collections par an : la collection estivale et la collection hivernale. Cependant, depuis le début des années 2000, la mode rapide et jetable appelée « fast-fashion » est en plein essor. À l'heure actuelle, environ 130 milliards de vêtements sont consommés par an. Ainsi, toutes les semaines, de nouvelles collections sont proposées en magasins à prix toujours plus bas. La dimension économique prime, au détriment des aspects écologiques et sociaux. Avec une qualité moindre des vêtements produits et des tendances toujours plus éphémères, le phénomène de surconsommation s'en trouve amplifié.

Cette production et surconsommation de masse sont à l'origine du désastre socio-environnemental de l'industrie textile. Seules une lutte contre le gaspillage et la mise en place d'une économie circulaire permettront de limiter ces effets dévastateurs. La transformation du textile en une industrie circulaire vertueuse se joue donc en aval, au niveau du recyclage. Un pays comme les États-Unis jette 13 millions de tonnes de vêtements par an dont une grande partie n'est pas recyclée ni transformée en matériaux de construction ou d'isolation, comme on le fait par exemple avec la métisse.

Le marché français du vêtement et des accessoires d'occasion pèse 1 milliard d'euros, selon les estimations de l'Institut français de la Mode. C'est un marché en croissance de 10 % par an. Même s'il représente encore peu par rapport aux 64 milliards de l'habillement en France, le site américain de friperie en ligne ThredUp prévoit que le marché de la seconde main dépassera, d'ici à 2030, celui de la fast fashion.

2. Les bouteilles

Le verre est l'un des matériaux les plus anciens, les hommes utilisant des récipients en verre depuis des millénaires. Naturel et neutre, son bilan carbone n'est pourtant pas anodin, même recyclé. Plus que la solution du recyclable, c'est sa réutilisation qui s'avère la meilleure solution pour limiter l'impact environnemental.

Face à la dégradation de notre planète et aux pressions gouvernementales, les fabricants de produits alimentaires et les restaurateurs se doivent de trouver une solution pour diminuer l'impact environnemental des produits qu'ils utilisent et en particulier des emballages. La bouteille en verre, qui est recyclable à l'infini, est parfaite pour conserver les aliments comme les boissons. C'est donc tout naturellement que les professionnels en font leur choix n° 1.

Pourtant, en revenant quelques années en arrière, le verre était pointé du doigt pour son bilan carbone. En effet, cette alternative « verte », *a priori* moins polluante, est fortement consommatrice d'énergie lors de sa fabrication. Pour chaque tonne de verre produite, il faut en effet :

– l'extraction de 1,2 tonne de matières premières. Même si le verre consiste en un mélange de sable quartzeux, de calcaire et de carbonate de sodium, matériaux très répandus dans la nature, leur extraction peuvent perturber l'écosystème ;

– 105 kilos de fioul pour le fonctionnement des fours dont la température s'élève jusqu'à 1 500 degrés.

Et pourtant, parmi les exemples d'évolution du soin aux objets, le cas des bouteilles est une belle illustration de l'évolution en cours et du passage d'une économie du besoin irraisonné à l'économie du soin et du sens. Pour cela, il est nécessaire de comprendre la situation au niveau mondial ainsi qu'au niveau européen avant de se focaliser sur la France.

2.1. Les marchés de la bouteille en verre

a) Le marché mondial des bouteilles en verre

Le marché mondial des bouteilles et contenants en verre, avec une production de 630,52 milliards d'unités en 2020, devrait atteindre 883,52 milliards d'unités d'ici 2027. L'épidémie de Covid-19 a créé une nécessité croissante, pour les industries du secteur alimentaire et surtout pour les boissons, de se concentrer davantage sur l'hygiène. De plus, comme nous l'avons vu précédemment, il y a une aspiration croissante pour un mode de vie sain et durable. Comme la plupart des produits de ce secteur sont inclus dans les services essentiels, il devient crucial pour le secteur de l'emballage de suivre des pratiques en vue d'une conservation optimale.

Les bouteilles et récipients en verre sont principalement utilisés dans l'industrie des boissons alcoolisées en raison de leur capacité à maintenir l'inertie chimique, la stérilité et la non-perméabilité. Les boissons alcoolisées représentent le plus grand segment du marché, car le verre ne réagit pas avec les produits chimiques présents dans les boissons et, par conséquent, préserve leur arôme, leur force et leur saveur.

L'augmentation de la consommation de bière dans le monde est l'un des principaux moteurs de la croissance du marché des bouteilles en verre. La bière est mise en bouteille dans du verre de couleur foncée pour préserver le contenu, qui est susceptible de se détériorer lorsqu'il est exposé à la lumière et donc aux UV. Par ailleurs, les consommateurs préfèrent de plus en plus la bière artisanale brassée localement par les petites et grandes brasseries. Cette tendance a conduit les fabricants d'emballages en verre à ajuster leur production.

Les emballages en verre sont 100 % recyclables, ce qui en fait une option d'emballage souhaitable du point de vue environnemental. 6 tonnes de verre recyclé permettent d'économiser directement 6 tonnes de ressources et de réduire d'1 tonne les émissions de CO2. Il est à noter que les marques d'aliments et de boissons haut de gamme préfèrent le verre aux autres options d'emballage, telles que le plastique, car le verre est chimiquement inerte, non poreux et imperméable.

Ce marché mondial des bouteilles et récipients en verre est hautement concurrentiel et fragmenté. Quelques-unes des principales entreprises de ce marché sont Owens-Illinois Inc., Hindustan National Glass & Industries Ltd, Vitro, SAB De CV, Amcor Ltd, etc. Ces fournisseurs établis avec un accès solide aux canaux de distribution ont une forte présence sur le marché. À titre d'exemple, en novembre 2021, Saverglass a ouvert un nouvel entrepôt multiservice de 430 000 pieds carrés à Fairfield, en Californie, pour fournir aux entreprises de vin et d'alcool un accès rapide à un éventail de services de bouteilles en verre. Avec plus de trois décennies de présence en Californie, la société exploite plusieurs entrepôts près de la Napa Valley pour répondre à la demande croissante des clients. Ce nouvel entrepôt multiservice démontre l'engagement de l'entreprise à fournir à ses clients un service exceptionnel et des solutions de bouteilles en verre créatives et modernes. De même, en 2022, Verescence, fabricant de verre pour la parfumerie et la cosmétique, a annoncé le lancement du Verre Infini 20 (Infinite Glass), une nouvelle composition de verre conçue pour étendre les capacités de fabrication de verre de Verescence dans le monde entier. Cette composition innovante associe 20 % de PCR à une teinte de verre conçue pour répondre aux besoins visuels des commerces haut de gamme. Cette composition de verre, déjà fabriquée en France et en Espagne, a progressivement été mise en place aux États-Unis fin 2023 et en Corée du Sud en 2024. De son côté, Vitro a annoncé un investissement d'environ 70 millions USD pour la construction d'un nouveau four à l'usine Vitro de Toluca, dans l'État de Mexico, afin de faire face aux besoins croissants en récipients en verre de ses nouveaux clients.

Mais c'est bien la région Asie-Pacifique qui devrait détenir la plus grande part de marché. Elle devrait enregistrer en effet un taux de croissance important par rapport aux autres pays en raison d'une augmentation de la demande des industries pharmaceutiques et chimiques, qui préfèrent les emballages en verre en raison de la nature inerte des bouteilles en verre. La Chine, l'Inde, le Japon et l'Australie, entre autres, sont les principaux pays qui contribuent à la croissance du marché de l'emballage en verre en Asie-Pacifique.

La Chine est l'un des plus grands marchés pharmaceutiques au monde. Par rapport à de nombreux pays industrialisés, ses dépenses globales de santé sont encore modestes. Le pays améliore régulièrement ses compétences nationales en matière de recherche et de développement de médicaments, ainsi que sa production nationale de médicaments. Dans le cadre d'un objectif à long terme visant à établir une industrie biopharmaceutique nationale compétitive à l'échelle internationale, le gouvernement chinois accorde aux entreprises pharmaceutiques des avantages fiscaux et autres avantages financiers. La stratégie nationale de santé de Pékin accorde actuellement une grande importance à l'efficacité et à la construction de centres d'innovation, tous deux soutenus par des incitations financières. Trois vastes centres d'innovation — le Zhangjiang Hi-Tech Park près de Shanghai, le BioBay à Suzhou et le hub d'innovation de Shenzhen, souvent appelé la « Silicon Valley chinoise » pour les entreprises pharmaceutiques, car il abrite déjà des entreprises mondiales telles que Huawei — sont les principaux piliers de l'approche du gouvernement en la matière. Par conséquent, il existe une opportunité de croissance potentielle pour les acteurs nationaux du marché des contenants en verre, car ils pourraient connaître une croissance de la demande de bouteilles et de contenants en verre venant de ces sociétés. De plus, la consommation d'alcool en Chine augmente considérablement au fil des ans. Selon la banque brésilienne Banco do Nordeste, la consommation de boissons alcoolisées en Chine devrait atteindre 64,12 milliards de litres en 2025.

Par ailleurs, l'exportation de produits de beauté est devenue l'une des activités les plus rentables de la Corée du Sud. Selon un article publié dans le *Korean Herald*, les données de la Korea

International Trade Association (KITA) ont montré que les exportations de cosmétiques sud-coréennes vers la Chine ont plus que triplé au cours des sept premiers mois de 2019, se classant au deuxième rang sur le marché chinois. L'industrie cosmétique sud-coréenne réalise environ 10 milliards de dollars de ventes par an dans des magasins tels que Nature Republic, Étude House, Missha et Tony Moly. Les exportations vers la Chine et l'Asie du Sud-Est ont augmenté à un rythme rapide et de nombreux touristes se dirigent directement vers les magasins du pays.

La popularité des produits de beauté sud-coréens est due à leurs hautes performances, associées à des emballages amusants et à des indices sensoriels, ainsi qu'à des prix abordables. En attirant l'attention des influenceurs et des médias, la vague K-beauty se propage aux détaillants en dehors de l'Asie. Cela a été la principale raison de l'augmentation des exportations de produits cosmétiques du pays, qui propulse davantage le marché des emballages cosmétiques. Ainsi, la croissance du secteur cosmétique stimule les collaborations et les partenariats et devrait stimuler le marché des bouteilles et contenants en verre en Corée du Sud dans les cinq prochaines années.

En mars 2021, Verescence, dont nous avons vu précédemment la dernière innovation, a acquis Pacifglas, un conditionneur de verre sud-coréen, et a noué un partenariat de long terme avec Amorepacific. Les trois sites de production de verre et les quatre sites de décoration de Verescence en Europe et en Amérique du Nord fabriquent chaque année 500 millions de bouteilles. Verescence a l'intention de s'appuyer sur cette base solide pour devenir un leader panasiatique, ceci en investissant dans sa technologie et sa capacité de production afin de répondre à la demande croissante de verre haut de gamme. En juin 2021, Quadpack, un fabricant et fournisseur international d'emballages de beauté, a retenu LM, un fabricant d'emballages coréen, en tant que « QuadpackOfficial Partner » pour aider l'entreprise à se développer sur le marché asiatique. Quadpack forme des partenariats dans le cadre d'un nouveau modèle opérationnel régional pour aider à développer la marque Quadpack, augmenter la part de marché, améliorer le service local et partager la valeur avec les parties prenantes.

L'objectif de la description de ce mini panorama mondial est de montrer combien les lignes de la demande de recyclage sont en train de bouger. À titre d'exemple, en février 2021, la plateforme Loop Reusable/Returnable Packaging a été lancée au Canada en partenariat avec Loblaw Inc. pour offrir des achats sans déchets pour une gamme de produits alimentaires et ménagers.

Ainsi, le recyclage de la célèbre bouteille en verre Heinz Ketchup constitue une réussite emblématique. En effet, il est ressorti d'un récent sondage mené auprès de 1 521 Canadiens que 65 % des personnes interrogées ont fait l'effort de choisir des marques proposant des options d'emballage durables. Par ailleurs, il y a eu une tendance croissante à la transparence dans les emballages alimentaires au cours des dernières années. Au-delà des ingrédients listés sur l'étiquette, les consommateurs souhaitent également voir le produit physique avant l'achat. Afin de saisir cette tendance, de nombreuses entreprises, en particulier les entreprises de produits laitiers, ont commencé à réintroduire la bouteille en verre transparent.

b) L'Europe et le retour de la bouteille de lait

Selon plusieurs études venant d'universités européennes, en Europe aussi les contenants en verre sont de retour en force et l'ancienne bouteille de lait en verre semble connaître, par exemple, un nouveau regain d'intérêt. À titre d'illustration, des distributeurs automatiques de lait, contenant chacun des bouteilles en verre, ont fait leur apparition dans toute l'Irlande du Nord au cours des deux dernières années et continuent de le faire. Outre la durabilité, la conscience de ce qui est bon pour la santé est un autre facteur qui pousse les clients à passer au verre. Des études par *National Geographic*, *Time*, *Business Insider*, *The Guardian* et le *New York Times*, ainsi que d'innombrables articles de recherche publiés par des universités du monde entier et même la Food and Drug Administration des États-Unis, ont mis en évidence les inconvénients de l'utilisation de bouteilles en plastique par rapport aux caractéristiques relativement avantageuses des bouteilles en verre.

Fort de ce constat, depuis juin 2021, l'enseigne de supermarchés britannique Morrisons a décidé de ramener les bouteilles de lait en verre traditionnelles dans les rayons de sept de ses magasins du Kent. Les bouteilles d'une pinte sont livrées aux supermarchés par les fermes laitières et, une fois retournées par les clients, sont collectées et désinfectées pour permettre leur réutilisation, éventuellement jusqu'à 10 ans. Morrisons affirme que l'enseigne s'est engagée à réduire de 50 % ses emballages en plastique primaires de marque propre d'ici 2025, plus de 83 % des emballages en plastique de marque propre de Morrisons pouvant désormais être recyclés.

De plus, l'apparition de la Covid-19 a contribué à l'augmentation de la demande de livraison de lait à domicile dans une bouteille en verre. La plus grande entreprise britannique de livraison de lait traditionnel, Milk & More, a ajouté 175 000 nouveaux clients en ligne, ce qui a permis à ses ventes de croître de 20 %, passant de 156 millions de livres sterling à 186 millions de livres sterling. L'entreprise, qui livre également des produits d'épicerie, compte désormais 400 000 clients dans une grande partie de l'Angleterre, dont 90 % s'inscrivent pour des bouteilles en verre qui coûtent 81 pence pour une pinte de lait, plus que la moyenne de 50 pence la pinte dans des récipients en plastique. DiaryDrop, basé à Alderly Edge, qui compte 3 000 clients dans le Cheshire, a annoncé un renversement significatif de la tendance de livraison des bouteilles de lait en verre. Un autre fournisseur de lait basé dans le Cheshire, Creamline Dairies, a enregistré entre début 2021 et fin 2023 une augmentation de 85 % du nombre de personnes se faisant livrer des bouteilles en verre.

La société Pan-UK, Milk & More, et le géant laitier de l'Est de Londres, Parker Dairies, ont été témoins d'une augmentation substantielle de la demande de bouteilles en verre. La plupart des laiteries de Londres ont mentionné que le changement provient principalement de leurs jeunes consommateurs dont les familles semblent plus disposées à payer un peu plus pour un emballage en verre plutôt qu'en plastique dans leurs efforts pour aider la préservation de l'environnement. La société propose également des services proposant des bouteilles de lait rechargeables. Une fois vidées et rincées, les bouteilles peuvent être récupérées sur le pas de la porte par Milk & More pour être remplies et réutilisées.

De plus, de nombreuses laiteries ont adopté des emballages en bouteilles de verre pour le lait afin d'augmenter les ventes et la reconnaissance de la marque. Par exemple, Mossgiel Farm, une ferme laitière en Écosse, a connu une augmentation impressionnante de sa popularité, doublant presque ses ventes de lait, après avoir remplacé ses contenants de lait en plastique par des bouteilles en verre.

c) La consommation de bouteille de verre en France

En France, la demande d'emballages en verre (alimentaire, boissons, beauté et pharma) a atteint un sommet[88] au premier

[88] Communiqué de la fédération des fabricants européens d'emballages en verre (Feve) diffusé lundi 30 janvier 2023.

semestre 2022. Comparé à la même période, un an plus tôt, le nombre de ventes a crû de 8,5 % en unités, soit le taux de croissance le plus élevé enregistré depuis le premier semestre 2016.

En fait, les ventes de contenants ont augmenté de 5,3 milliards d'unités ces sept dernières années. Les industriels peinent toutefois à suivre. Ils ont beau avoir augmenté de 3 % leur production entre le premier semestre 2021 et celui de 2022, certains marchés font part de pénurie sur leurs contenants en verre.

Fin janvier, en France, les entreprises de vins et spiritueux interpellaient le ministère de l'Économie au sujet de leurs difficultés à s'approvisionner en bouteilles. Interrogés sur ces tensions, les producteurs expliquent la situation par une forte reprise économique suite à la crise sanitaire de 2020, la désorganisation de la supply chain qui l'a suivie et les impacts de la guerre en Ukraine. Cette dernière a en effet entraîné une hausse des coûts de l'énergie et une baisse des importations ukrainiennes, le tout sur fond d'inflation. Verallia, troisième producteur mondial de contenants en verre pour les boissons et l'alimentaire, a vidé et refroidi au deuxième trimestre l'un des deux fours de son usine de Zorya en Ukraine et a cessé de produire des bouteilles dans ce pays. Avec deux nouveaux fours récemment annoncés en Europe, l'industriel espère toutefois répondre aux attentes[89].

Sur la production totale de verre en France, 70 % des tonnages concernent le verre creux, la plus grande partie étant représentée par le verre d'emballages ménagers (bouteilles, bocaux, pots, flacons), soit 3,6 millions de tonnes, ce qui représente plus de 60 kg/hab.an. Il y a donc une véritable voie du

[89] *L'Usine nouvelle* : Les verriers d'emballage peinent à répondre à toutes les demandes, 3 février 2023.

« prendre soin » à étudier. Le recyclage peut donner du sens à l'utilisation de ce type d'emballage en verre.

2.2. Le recyclage des bouteilles en verre

L'enjeu écologique du recyclage du verre est important.

En 1884 le préfet Eugène Poubelle inventait la poubelle. Il prévoyait initialement le tri de 3 types de déchets obligatoires : les matières organiques, les papiers et chiffons, le verre, la faïence et les coquilles d'huîtres ! Mais ce règlement n'est pas respecté et seule la collecte des déchets organiques est conservée.

En 1974, Jean Tournier La Ravoire, verrier à Reims, organise la première collecte de verre auprès du grand public. Nous sommes au lendemain du choc pétrolier de 1973 et il réalise l'intérêt économique de cette collecte. En effet le calcin fond à des températures inférieures à celles des matières premières. Afin de mobiliser le grand public dans la démarche pionnière du recyclage, cette collecte devient une grande cause humanitaire au profit de la Ligue contre le cancer. En 2023, 78,7 % des bouteilles sont recyclées, soit plus de 3 bouteilles sur 4, et avec environ 30 kilos d'emballages en verre recyclés par habitant, le pays se place à la troisième place en termes de performance en Europe, après l'Allemagne et l'Italie.

Le recyclage du verre permet en France d'éviter la mise en décharge de plus 2,2 millions de tonnes de verre par an et de limiter les rejets de CO2. En outre, il permet de réduire les besoins en énergie des verreries. Les enjeux sont tels qu'il est essentiel pour le citoyen, la collectivité et les verriers d'accroître quantitativement et qualitativement le recyclage du verre. Dans une étude réalisée par l'organisme CITEO, il apparaît que le recyclage du verre d'emballage participe au financement du traitement des déchets ménagers par les collectivités territoriales. Une plus grande quantité de verre recyclé représente un moindre coût dans la gestion des déchets pour la collectivité. La collecte sélective du verre représente jusqu'à 130 € d'économie par tonne de verre recyclée.

Le 25 octobre 2019, les 24 acteurs de la chaîne de valeur du verre ont signé la « Charte Verre 100 % solutions ». L'ambition collective de la filière est d'atteindre 90 % de verre collecté en 2025 et de tendre vers 100 % à horizon 2029. Au niveau européen, une démarche ambitieuse de dynamisation de la collecte du verre et de son recyclage visant à renforcer les partenariats et partager les bonnes pratiques a également été engagée avec le lancement de la plateforme Close The Glass Loop.

La démarche la plus emblématique de la démarche visant à prendre soin en ce qui concerne le verre est le retour de la consigne en France. Jusqu'à la fin des années soixante-dix, la plupart des bouteilles étaient consignées. La pratique avait disparu dans les années quatre-vingt, en raison de la généralisation des emballages en plastique, plus légers et plus pratiques. Ainsi, le gouvernement souhaite désormais interdire les emballages plastiques à usage unique d'ici 2040. Des chaînes de supermarché remettent cette pratique très vertueuse au goût du jour. En échange d'une bouteille vide, vous recevez un bon d'achat, avec la conscience d'avoir fait quelque chose de bon pour la planète. C'est un petit geste de plus en plus fréquent : rapporter en magasin ses bouteilles en verre. La consigne : une solution écologique, mais aussi économique pour faire face à la pénurie de bouteilles en verre sur le marché. L'autre avantage de la consigne est de profiter aux consommateurs. Les grandes surfaces l'ont bien compris et s'y mettent petit à petit.

La Brasserie de Bretagne, une franchise de brasserie dans l'ouest de la France, commence à s'y mettre. En 2020, 15 % de ses bouteilles provenaient d'Ukraine. La guerre a compliqué l'approvisionnement. « Pour passer cette crise, on a mis en place trois actions, commente Clément Bedbeder, directeur général adjoint. La première a été de stocker de la bouteille pour ne pas en manquer, la deuxième, d'augmenter notre prix de vente au consommateur, et la troisième, d'accélérer le réemploi des bouteilles. »

Ce n'est pas gagné pour autant, car de nombreux consommateurs optent encore souvent en faveur de la bouteille en plastique pour des raisons économiques, sachant que pour une bouteille en verre, il faut débourser davantage. Sans compter la consigne, le prix au litre est plus élevé. Il faut également la rapporter, puis télécharger une application pour toucher 20 centimes d'euros.

Après sa collecte, le verre subit un premier traitement qui consiste à éliminer tous les indésirables et à les concasser. Ce verre broyé, appelé calcin, est ensuite fondu à 1 500 °C, puis soufflé afin de donner de nouveaux emballages en verre. Ce procédé permet d'économiser les matières premières (sable et calcaire) sans altérer la qualité du matériau. Le verre est donc recyclable à l'infini ! Le recyclage en mélange de verre incolore, vert ou brun donne un verre de couleur verte. Au total, si le verre est recyclable à l'infini, il n'est pas recyclé de la même manière dans tous les pays. Alors qu'en France, plus de 3 bouteilles sur 4 sont recyclées, en Grèce, 15 % du verre seulement est collecté pour le recyclage (chiffres à consulter sur le site Planetoscope).

2.3. Les bouteilles en plastique et les dispositifs de recyclage

Industriels de l'agroalimentaire ou de l'embouteillage, supermarchés, associations d'élus, de consommateurs et ONG ont été conviés entre le 30 janvier et le mois de juin 2023 par la secrétaire d'État à l'Écologie Bérangère Couillard à une concertation sur la mise en place éventuelle de consignes pour les bouteilles plastiques, initiative envisagée dans le cadre du projet de la loi relative à la lutte contre le gaspillage et à l'économie circulaire adoptée en 2020. devant l'opposition des collectivités locales, la loi, en effet, avait renvoyé la prise de décision à juin 2023. Les objectifs européens de taux de collecte des bouteilles en plastique sont de 77 % en 2025 et 90 % en 2029, quand la France plafonne à moins de 60 %. En Allemagne, le taux de collecte atteint déjà 90 %, tout comme en Finlande ou au Danemark. Or, il faut souligner que la France est le 5e pays consommateur de bouteilles d'eau en plastique sur une planète où 9,3 milliards de litres d'eau en bouteille sont vendus chaque année !

L'eau en bouteille a vu le jour à la fin du XIXe siècle. À cette époque, les bouteilles étaient en grès, avant d'être en verre. Dans les années 1960, boom du plastique oblige, les premières bouteilles en PVC ont fait leur apparition. Légères et résistantes, elles ont rapidement détrôné le verre. Dans les années 1990, le PET a remplacé le PVC qui est aujourd'hui rarement utilisé pour l'emballage alimentaire, car présentant des risques de toxicité. Le PET, ou Polyéthylène Téréphtalate est donc aujourd'hui le polymère le plus utilisé pour la fabrication de bouteilles en plastique. Développé dans les années 1990, il est aussi l'un des plus facilement recyclables. Il fait partie de la consigne de tri de base des matières plastiques. Sur nos emballages, le PET est symbolisé par le chiffre 1 entouré des flèches disposées en triangle.

310 000 tonnes de bouteilles plastiques en PET sont produites en France chaque année. Un Français consomme en moyenne 96 bouteilles plastiques par an ! Chaque jour, 25 millions de bouteilles de ce type sont jetées dans le pays. Pour en finir avec ces chiffres vertigineux, il faut savoir enfin que la production de plastique, en France, a été multipliée par 50 en

50 ans et qu'elle continue d'augmenter. Toutefois, dans une démarche consistant à prendre soin, les chiffres du recyclage sont aussi en augmentation. En 2023, 58 % des bouteilles plastiques sont recyclées en France, selon Citeo. Le plastique recyclé est un produit de plus en plus sollicité par les industriels du secteur.

La récupération des bouteilles en plastique

Certains franchisés du groupe Leclerc comme celui de Neufchâtel-en-Bray se sont lancés dans l'aventure. Pour preuve : il y a souvent la queue devant les deux machines de recyclage plastique du magasin.

Depuis le 14 février 2022, une première machine « b : bot by GreenBig » fabriquée à Dieppe a été installée. Le principe est simple et peut rapporter quelques centimes d'euros. Le client rapporte ses bouteilles plastiques, qui sont réduites en paillettes. Et le résultat est immédiat. Pour preuve, depuis le lancement de la première machine, plus de 310 000 bouteilles ont été collectées. Ce qui représente déjà 8,5 tonnes de plastique recyclé et environ 2 300 bouteilles récoltées par jour. Pour le client c'est gagnant-gagnant. En déposant sa bouteille, il a le choix de récupérer directement un centime d'euro en bon d'achat ou de remettre cette somme à l'association « Océan sans plastique ». Par ailleurs, le client peut aussi déposer tous ses bouchons (couvercles plastiques et tubes de colle) à proximité pour « Bouchons 276 ». Surpris par le succès de la première machine, le directeur, Benoit Havel, a donc fait le choix d'en louer une deuxième et il a déjà fallu changer le broyeur de la plus ancienne.

Il est intéressant d'observer que cette initiative s'inscrit dans une démarche d'ensemble. Le centre Leclerc de Neufchâtel-en-Bray a pris un virage de développement durable depuis 2017. Pompe à chaleur, recyclage, bornes électriques... il fait ainsi figure de très bon élève pour la réduction de son empreinte carbone. Même les carcasses de viande font le bonheur des loups de Muchedent et les produits à dates courtes, à la limite de la DLV, sont donnés aux Restos du cœur et à l'association Hope.

Avant que nos bouteilles en PET usagées ne redeviennent un autre objet en plastique recyclé, elles doivent franchir plusieurs étapes.

Première étape : le centre de tri. Là, le contenu de nos poubelles jaunes ou de nos bacs réservés aux plastiques en entreprise doit être à nouveau trié par des professionnels ou des machines de pointe, grâce à des technologiques mécaniques ou optiques. Papiers, canettes ou plastiques non recyclables : chacun dans sa filière ! Compactés, les plastiques à recycler (PET, PEHD — polyéthylène haute densité — ou polypropylène — PP) sont alors prêts à rejoindre l'usine de régénération.

Deuxième étape : la transformation en paillettes/fibres. Après un ultime tri (notamment entre bouteilles claires ou colorées), les plastiques sont broyées en paillettes. Un lavage permet de retirer les petits déchets ou les morceaux d'étiquettes. Ensuite, on sépare le PET du PEHD des bouchons par un procédé de flottaison (le PEHD coule, quand le PET flotte). Grâce à des technologies de pointe de séparation des impuretés, certaines usines ultramodernes, comme celles de SUEZ, parviennent à produire un PET recyclé pur à 99,996 %. Condensés, les déchets sont ensuite transformés en granulés, paillettes ou poudres. Les industriels du plastique s'en serviront pour fabriquer de nouveaux objets en plastique, dont des bouteilles. La boucle est bouclée : la dynamique de l'économie circulaire est lancée.

Troisième étape : la réutilisation. Toutes les paillettes plastiques sont envoyées à des recycleurs français qui utilisent cette matière pour la fabrication de leurs bouteilles. Ainsi, les bouteilles incolores qui représentent 90 % de la collecte vont redevenir des bouteilles et les bouteilles colorées qui représentent 10 % de la collecte deviennent des fibres textiles ou autre puisque des films plastiques aux vestes polaires, le plastique recyclé se retrouve dans de nombreux objets du quotidien, parfois inattendus :

– Textile : les fibres de polyester servent à la fabrication de tissus, pulls ou vestes en polaire, voire certains jeans. La ouate permet de garnir des oreillers, couettes ou doudounes...

– Habitat : moquettes, tapis ou peluches (PET), tubes et canalisations, chaises de jardin, arrosoirs, bacs à fleurs (PEHD)...

– Transports : tapis de sol, garnitures de sièges ou éléments divers dans le secteur automobile et les transports. Des routes contenant du plastique recyclé voient également le jour depuis peu.

Donner une seconde vie aux plastiques est un impératif écologique majeur. La production d'une tonne de plastique recyclé permet d'économiser 5 barils de pétrole et d'éviter que des particules nocives polluent nos océans. Une telle démarche permet une économie de ressources (pétrole, eau...), car le plastique est gourmand en matières brutes et en ressources naturelles. Pour produire une bouteille d'eau en plastique, il faut en moyenne 100 ml de pétrole, 80 grammes de charbon, 42 litres de gaz et 2 litres... d'eau ! Selon la Fondation Ellen MacArthur, en produisant du plastique recyclé plutôt que du plastique issu du pétrole, nous pourrions économiser 80 à 90 % d'énergie autour de notre consommation de plastique. Nous limiterions aussi nos émissions de CO2, car, selon le WWF, la production annuelle de plastique dans le monde génère 2 milliards de tonnes de CO2. Or, une tonne de bouteilles ou flacons en PET recyclée permet d'économiser 2,29 tonnes équivalent CO2 !

La surconsommation de plastique a également des conséquences désastreuses sur la flore et la faune marine. Les microplastiques et les nanoplastiques, invisibles, sont ingérés par les animaux marins et une partie se retrouve dans nos assiettes.

Chaque année, au moins 8 millions de tonnes de plastiques finissent dans la mer, rappelle la Fondation Ellen MacArthur. Pour rappel, le plastique met entre 100 et 1000 ans à se dégrader dans la nature. Or, d'après les estimations de WWF France, la France en rejetterait encore près de 10 000 tonnes chaque année dans la mer Méditerranée !

Conclusion

Au terme de cette lecture, nous vous invitons à imaginer un patricien romain, au VIe siècle de notre ère. Comment pouvait-il se figurer l'avenir ? Il allait de soi pour lui que rien ne pouvait se concevoir en dehors de la centralité de l'Empire. Certes, celui-ci se trouvait confronté à des difficultés de toutes sortes. Au-delà du *limes*, les barbares se faisaient pressants ; les ressources manquaient ; au sein de la maison impériale, les rivalités se déchaînaient. Sans doute, certains, peu informés ou les yeux rivés sur leurs tablettes (de cire) et leurs préoccupations à court terme, ne s'en rendaient-ils pas compte. D'autres, très probablement, espéraient que des solutions finiraient par surgir, qui mettraient fin aux difficultés présentes. D'autres, enfin, pouvaient être tentés de sombrer dans le pessimisme le plus noir et à se replier dans leur *villa* ou dans leur province.

Comment aurait-il pu, ce patricien, au-delà de l'Empire et de la vision du monde qui lui correspondait depuis l'origine, qui constituait son héritage culturel indiscutable, se représenter ce que l'on a, *ex post*, appelé le Moyen Âge ? Rome, la ville éternelle, déchue au point d'avoir été envahie et saccagée par les Wisigoths d'Alaric. L'Empire éparpillé en de multiples pouvoirs locaux. Une autorité nouvelle s'élevant, issue de la secte chrétienne, au lieu et place du César, les évêques prenant la place des préfets, réorganisant l'espace et les croyances selon des principes étrangers au panthéon qui lui était familier. Comment imaginer une telle rupture et l'avènement d'un ordre du monde nouveau, quoique fondé, d'une certaine manière, dans la continuité de celui qui s'effondrait ?

Et comment aurait-il pu imaginer l'avenir, ce dernier petit empereur de la dynastie des Song du Sud, ou tout au moins ceux qui veillaient sur son enfance, errant sur la jonque qui constituait son ultime refuge, de crique en crique, poursuivi par la flotte mongole ? Ou l'entourage de Montezuma, le tout puissant empereur aztèque, face aux nouveaux venus avec leurs chevaux et leurs bouches à feu ? Et tant d'autres encore, dont la mémoire ne nous est que difficilement parvenue et qui croyaient vivre dans un monde en dehors duquel rien ne pouvait être imaginé et qui ne pouvait que durer ? Pour eux, il était presque impossible d'imaginer un avenir qui échappait au cadre de leur compréhension du monde. Et plus ce cadre allait de soi, paraissant édifié pour l'éternité, plus l'avenir leur était difficile à imaginer, alors même que parfois il était déjà là, se développant discrètement au cœur même de l'ordre ancien, dont la vétusté se dissimulait sous une débauche d'ultimes préciosités.

Et donc, comment nous autres, Occidentaux modernes, pour lesquels la croissance économique, la prospérité et le « progrès » semblaient assurés, voici peu encore, comment, donc, pourrions-nous imaginer qu'il puisse en aller autrement et imaginer un avenir qui ne serait pas le prolongement de ce qui nous semble aller de soi. Un retour sur la façon dont, il y a un siècle ou un siècle et demi, on imaginait ce que serait notre époque, nous en donne un tableau assez plaisant : on y voit des paquebots transatlantiques géants, des dirigeables urbains, et ainsi de suite. Il s'agit là d'autant de visions, puisées dans la réalité du moment, de ce qui paraissait alors être une tendance qui ne pouvait que se poursuivre. Rares sont les dystopies qui se réalisent. Il s'agit là, en effet, de produits de l'imagination, et l'imagination ne peut faire appel qu'aux techniques et aux valeurs sur lesquelles elle s'appuie pour envisager l'avenir.

La chimie nous apprend que lorsqu'un système complexe en déséquilibre s'achemine vers son point de bifurcation, son avenir se fait imprévisible. Or, il ne fait nul doute que notre civilisation thermo-industrielle s'achemine, et peut-être plus rapidement que ce que l'on pouvait croire il y a quelques années encore, vers cette bifurcation. Et de ce qui en résultera, nul ne peut le prévoir dans la mesure où il s'agira d'un bouleversement global de nos croyances et de la vision du monde qui sert de cadre à notre compréhension :

– nos valeurs de référence se trouveront bousculées : ce qui nous semblait important risque de ne plus l'être autant ; le paradigme décrit par la science économique pourrait appartenir à un passé révolu ;

– certains phénomènes aujourd'hui jugés négligeables, ou que l'on qualifie au mieux de « signaux faibles », sont susceptibles de passer au cœur des préoccupations de nos descendants ;

– les connaissances et les compétences jugées importantes ne seront plus nécessairement celles qui aujourd'hui comptent à nos yeux parce qu'elles nous sont utiles dans notre environnement présent ;

– les institutions et les hiérarchies économiques, sociales et politiques pourraient être profondément bousculées et laisser place à autre chose ;

– le langage lui-même évoluera nécessairement et le sens des mots se modifiera alors en fonction des préoccupations et des réalités qu'il aura à exprimer.

Pendant les deux siècles de l'ère industrielle, l'humanité ne s'est pas préoccupée des conséquences de son action sur son environnement terrestre. Ce n'est que depuis quelques dizaines d'années que les conséquences en sont apparues, avec les désordres climatiques que l'on sait et l'ampleur des rejets constituant autant de sources de pollution portant atteinte au vivant et à sa diversité. Bien entendu, dès le début du XVIIIe siècle, à de nombreuses reprises, les lanceurs d'alerte se sont fait entendre. Mais ils n'auront pas été écoutés tant étaient puissants les intérêts qu'ils mettaient ainsi en cause et que les esprits du XXIe siècle sont très proches de ceux des patriciens romains.

Depuis lors, le déni climatique est devenu presque impossible à soutenir, mais ce n'est pas pour autant que les comportements publics et privés ont véritablement changé. Ils continuent sur la lancée et l'on verra ainsi l'État plaider d'un côté contre l'artificialisation abusive des sols et de l'autre soutenir de « grands projets d'aménagement » (autoroutes, voies ferrées à grande vitesse) représentant une emprise importante sur les terres agricoles et les « zones vertes », et ceci malgré leur intérêt douteux. Et plus encore, plaider pour la « croissance économique » alors même qu'on la sait mortifère pour la planète.

La vraie question ne saurait donc se limiter à la recherche de solutions plus vertueuses (énergies renouvelables ou limitation des rejets en CO2). Il s'agit en fait de savoir s'il s'agit de prendre en considération la cause de l'humanité indépendamment de ce qui en résulte pour la planète ou s'il s'agit plus globalement de s'intéresser au devenir de la planète, tel qu'y trouve place l'humanité. Une telle option représente évidemment une posture très différente de celle à laquelle nous invitent les traditions religieuses et philosophiques dont l'écheveau constitue la mémoire occidentale et le fondement de son identité, telle que l'Occident s'efforce de l'imposer à l'ensemble de l'humanité au détriment de la diversité des traditions et des fondements culturels qui tissent l'humanité dans sa diversité et sa globalité.

Encore pourra-t-on faire observer qu'il ne s'agit là que de l'une des options qui étaient possibles pour l'Occident, ainsi que le montre l'attitude de Messire François face au loup de Gubbio. Nous sommes au XIIe siècle et un terrible loup terrorise les habitants de la petite ville italienne de Gubbio. Survient Messire François, auquel la rumeur attribue la capacité de parler aux animaux. Ce qui lui est demandé, c'est que le loup cesse de dévorer les enfants de la ville et pour cela, pense-t-on, il faut absolument s'en débarrasser. C'est d'ailleurs ce qu'aurait fait Frère Dominique, un contemporain de Messire François. Au contraire, celui-ci, plutôt que d'employer la manière forte, s'en va trouver le loup, s'entretient avec lui et revient en ville en proposant aux habitants l'accommodement suivant : le loup cessera de dévorer les petits enfants, mais en contrepartie, les habitants lui donneront de quoi manger. Les deux parties seront ainsi satisfaites, et les habitants en viendront même par la suite à confier au loup la garde de leurs enfants.

Or, ce n'est pas la voie qui a été suivie par l'Occident. L'option qui aura été le plus généralement adoptée est celle que soutenait Frère Dominique : imposer le point de vue qui se donne pour vrai, et donc imposer une certaine vision du monde, qui est celle de l'humanité, au vivant dans son ensemble. Considérer ce point de vue comme étant le seul qui vaille et y subordonner la totalité de l'étant[90]. Autrement dit, considérer ce qui se passe dans la « clairière » où vit l'homme comme étant ce qui doit s'imposer à l'ensemble de la forêt, quitte à en compromettre l'existence avec tout ce qui y vit.

Et donc, au-delà du bricolage que représentent les « énergies renouvelables », qu'est-ce qui s'impose aujourd'hui pour la survie de l'humanité, telle que son existence même est compromise en

[90] Au sens de Heidegger.

retour par ce qui lui vient de la forêt, et qu'elle peine à comprendre ? D'abord une redécouverte du vivant et de l'intelligence du vivant. Si nous définissons l'intelligence comme ce qui permet à un être vivant de faire face à la réalité et de s'y adapter afin de se maintenir en vie, l'intelligence oblige l'humanité, dans les circonstances qu'elle a elle-même provoquées, à s'interroger sur les conditions de sa survie, et donc à renouer avec une réalité dont elle ne cesse de chercher à s'évader. Cette intelligence suppose en tout premier lieu de faire preuve d'empathie. Si Messire François est parvenu à faire coexister le loup et les habitants de Gubbio, c'est qu'il s'est interrogé sur les raisons qu'avait le loup de dévorer les enfants. Or, c'est tout simplement qu'il avait faim. D'où la seconde dimension de cette intelligence du vivant aujourd'hui nécessaire : prendre soin d'autrui afin, dans un seul mouvement, de prendre soin de soi-même.

C'est là qu'intervient la nécessité d'un changement d'objet à ce à quoi nous attribuons de la valeur. La création de valeur doit-elle consister en la création d'une nouvelle autoroute, ou d'un aéroport, ou en la préservation des espaces verts qui seront ainsi détruits pour une très longue période ? Ne s'agit-il pas d'abord, plutôt que de produire de nouveaux artefacts, dont nous ne savons pas s'ils seront réellement utiles à long terme, et ceci quel qu'en soit l'impact planétaire, de prendre soin de l'existant, sans lequel nous ne pourrions pas exister ? Prendre soin des biotopes et des paysages, prendre soin des vivants non humains qui y vivent, prendre soin de tout ce qui nous entoure et sans quoi nous ne pourrions vivre, prendre soin des autres humains, proches ou lointains, et prendre soin de nous-mêmes.

Pour cela il faut repartir des fondations sociales. Le mot économie désignait à l'origine l'art de gérer sa maisonnée. L'économie est le faisceau de règles, de coutumes et d'instruments (de la monnaie à la « titrisation » en passant par la lettre de change) qui assurent la survie des sociétés.

Nous souhaitons, au travers de notre démarche, construire le faisceau de règles, de coutumes et d'instruments qui parce qu'ils assurent le soin et le sens assureront la survie des sociétés. Cette économie du soin et du sens ne peut se déployer que si elle est en phase avec les attentes des individus. Or les individus cherchent un sens à leur travail.

Les individus ont besoin de reconnaissance, de partager une certaine identité commune, de se rencontrer, et d'avoir des interactions sociales. Par exemple, dans le monde associatif, après les turbulences qu'a connues le bénévolat associatif au cours de la crise sanitaire, on se rapproche du niveau d'avant crise : 24 % des Français étaient bénévoles en associations en 2019, ils sont 23 % en 2023. En Suisse, en 2020, 41 % de la population de plus de 15 ans a effectué un travail bénévole institutionnalisé ou informel.

Le besoin des individus d'exercer des activités porteuses de sens ne se limite pas à la seule vie privée ; il s'étend également à la vie professionnelle. Au travail, lorsque le sens vient à manquer, les personnes employées démissionnent.

Aux États-Unis, plus de 24 millions de personnes ont quitté leur emploi depuis avril 2021 — un chiffre jamais observé auparavant. Une situation qui n'est pas sans conséquence pour l'économie et la société. Selon une récente étude menée par le cabinet McKinsey, 40 % des 5 774 personnes interrogées dans 5 pays ont déclaré vouloir démissionner dans les trois à six prochains mois, tous secteurs confondus. Bien sûr, tout autant que le chiffre, la cause doit être analysée. Les causes principales sont en fait le manque de reconnaissance de leur entreprise (54 %) ou de leurs responsables (52 %) ou encore le sentiment de ne pas être à leur place sur leur lieu de travail (51 %). On observe également des tendances similaires au Japon et en Allemagne.

L'expression « économie du sens » (en anglais : « Purpose Economy ») a été inventée par Aaron Hurst, directeur général de la Taproot Foundation, la plus grande société de conseil à but non lucratif des États-Unis. Il s'agit d'un terme générique qui regroupe différentes approches d'une nouvelle conception de l'économie. De même, le Zukunftsinstitut définit l'économie du sens comme suit : « de nouvelles dimensions de la création de valeur, éloignées de la logique de croissance et de maximisation du profit, sont mises au premier plan : la valeur ajoutée sociale, la durabilité, la satisfaction des collaboratrices et des collaborateurs, le progrès social ». On y retrouve des notions telles que la nouvelle économie (« Next Economy ») et la décroissance. « L'économie du partage », « l'économie intelligente » et « l'économie circulaire » sont des formes de cette tendance à l'économie responsable.

Ainsi, dans un marché où les personnes qualifiées peuvent choisir leur emploi, il est à noter qu'elles privilégient de plus en plus les activités qui ont un sens et les entreprises qui affichent un « purpose », c'est-à-dire un objectif ou une mission claire. Ces entreprises avec une mission claire (en anglais (« purpose-driven organizations ») — se dotent d'un avantage concurrentiel à moyen et long terme. Elles sont plus productives, se développent plus rapidement, innovent davantage, parviennent à une meilleure satisfaction client et parviennent à garder leurs collaborateurs-trices plus longtemps que leurs concurrentes. De même, en France, faut-il ici signaler ici la démarche des entreprises à mission.

La prise en compte de l'économie du soin et de l'économie du sens telles que nous les avons développées implique ainsi un changement radical pour passer d'une croissance illimitée à un mode de vie et à une économie qui soient durables. Pour les entreprises, cela implique de prendre plus que des mesures isolées dans le domaine de la responsabilité sociale des entreprises (RSE), de la diversité et de l'inclusion, de la marque employeur ou des investissements selon des critères ESG. Selon cette approche, les entreprises doivent apporter des solutions concrètes aux problèmes sociaux et environnementaux. Outre ce rôle positif pour la société, les entreprises doivent également donner un sens à leur activité en interne. Lorsque la vision et le but de l'entreprise sont explicites, les collaborateurs-trices peuvent en effet s'identifier à leur entreprise.

Il ne s'agit pas ici de décrire à quoi devrait ressembler le monde de demain, mais de tracer un cheminement possible en se gardant tout autant du fatalisme que d'un catastrophisme qui ne serait rien d'autre qu'une prophétie autoréalisatrice. Encore une fois : nul ne peut prétendre dire à quoi un tel cheminement peut nous conduire. Il ne s'agira ni d'un retour au passé ni d'un perfectionnement conforme à ce qui aujourd'hui fait sens pour nous. Il s'agira d'un dépassement. Et ce dépassement nous obligera à revisiter ce qui pour nous semble aller de soi, non pas seulement dans notre existence quotidienne, mais dans les principes d'action qui constituent notre héritage culturel. Cela veut dire que ce dépassement aura à s'exprimer dans un grand récit et selon une vision du monde qui restent à inventer. La seule chose que nous pouvons en dire, c'est qu'il ne s'agira plus d'une vision du monde axée sur la production de valeur par extraction de l'écorce terrestre et d'un « aménagement » de l'espace habitable au seul bénéfice de l'humanité et au détriment du reste du vivant.

« L'économie du soin et du sens » qui ainsi s'impose demande donc à être pensée non pas comme un correctif qu'il s'agirait d'apporter à des politiques qui resteraient pour l'essentiel fondées sur le paradigme extractiviste. C'est toute notre vision du monde qui demande à être bousculée et renouvelée. Certains signaux faibles montrent que cette évolution est en cours : les manifestations de désordre climatique et d'empoisonnement de la biosphère se multiplient, le grand récit de la mondialisation heureuse a aujourd'hui perdu une grande partie de sa crédibilité, l'Occident qui en était porteur se retrouve en crise, les jeunes sont nombreux à rejeter l'avenir qui leur était proposé, beaucoup militent contre l'ordre établi, voire, se tournent vers des modes de vie plus respectueux de l'environnement.

La démarche sur laquelle se fonde ce livre se veut respectueuse de la diversité des approches. Son message se réduit ainsi à un simple précepte : il nous faut apprendre ou réapprendre à prendre soin et donner du sens à chacune de nos actions. Il nous faut développer notre aptitude à vivre ensemble, avec les autres, humains et vivants non humains, sur un unique territoire qui constitue un bien commun pour l'ensemble de ce qui vit. Il nous faut aménager notre mode de vie et concevoir nos activités en concevant autrement ce qui a de la valeur. Ce qui a de la valeur, ce ne sont pas, ou ce ne sont pas seulement les artefacts, utiles ou non, que nous accumulons, c'est aussi un coucher de soleil sur une mer dépourvue d'éoliennes, un sourire dépourvu d'arrière-pensées, un geste vers l'autre, y compris cet animal qui me regarde et qui s'interroge sur mes intentions à son égard. Accorder, tout simplement, sa valeur à la vie.

Faut-il, dès lors, attendre que l'avenir se fasse de lui-même ? Ce serait là une forme de renoncement à ce qui fait le propre de l'homme. Après avoir été dompteur de la nature, il doit se comporter en soigneur. Comme nous l'avons montré tout au long de cet ouvrage, l'économie sociale et solidaire (ESS) l'a bien compris. Mais l'ESS, doit elle-même se réinventer autour d'un entrepreneuriat social porteur de soin et de sens.

C'est désormais toute l'économie qui doit se transformer pour être au service de cette nécessité. L'économie repose sur l'entrepreneuriat. L'entrepreneuriat permet de trouver des solutions à des problèmes. Or, l'activité humaine, telle qu'elle a été conçue et qu'elle est vécue, elle-même, est devenue un problème. L'entrepreneuriat doit donc désormais être un entrepreneuriat du soin et du sens. C'est le sens de notre invitation à aller **vers l'économie du soin et du sens.**

Table des matières

Revue « Marché et Organisations »

Promouvoir la recherche originale sur les relations de plus en plus étroites entre le marché et les organisations. Les acteurs économiques de taille, de puissance et de pouvoir différents dont les intérêts peuvent être convergents, complémentaires ou, le plus souvent, antagoniques, ont tendance à organiser les marchés. La raison du marché, pourtant, est la référence stratégique pour l'entreprise ainsi que pour les institutions publiques de décision économique.

N°6 : Entrepreneuriat et accompagnement. Outils, actions et paradigmes nouveaux, 2008
N°7 : Développement durable des territoires. Economie sociale, environnement et innovations, 2008
N°8 : Développement durable et responsabilité sociale des acteurs, 2009
N°9 : Gouvernance : exercices de pouvoir, 2009
N°10 : Le travail collaboratif. Une innovation générique, 2009
N°11 : Economie sociale et solidaire. Nouvelles trajectoires d'innovations, 2010
N°12 : Relations à la marque et marques de la relation. Regards croisés sur le management relationnel de la marque, 2010
N°13 : Les contrats au service de la recherche ?, 2011
N°14 : Le potentiel économique de l'Afrique subsaharienne, 2011
N°15 : Management de la distribution, 2012
N°16 : Territoire Vert. Entreprises, Institutions, Innovations, 2012
N°17 : Eco-conception, conception et innovation. Les nouveaux défis de l'entreprise, 2013
N°18 : Intelligence économique : entreprises et territoires, 2013
N°19 : La finance globale. Un monde fini, 2013
N°20 : La crise du « développement », 2014
N°21 : La Chine innove. Politiques publiques et stratégies d'entreprise, 2014
N°22 : Go East! Nouvelles Economies de Marché, 2015
N°23 : L'économie du changement, 2015
N°24 : Le temps des artisans. Permanences et mutations, 2015
N°25 : Innovations de proximité et esprit d'entreprise, 2016
N°26 : L'avenir des économies du Maghreb : entre inertie structurelle et envie de rupture, 2016/3 (n° 27)
N°27 : Le sport aux frontières du marché du travail, 2016
N°28 : Dynamiques internationales des entreprises, 2017
N°29 : L'univers du risque, 2017
N°30 : Les petites entreprises dans l'histoire industrielle, 2017
N°31 : Economie sociale et *social business* ? Au défi d'entreprendre et se financer, 2018
N°32 : Éducation et fertilisation des économies africaines, 2018
N°33 : L'entrepreneuriat innovant dans les pays du Maghreb, 2018
N°34 : L'entrepreneuriat scientifique : institutions et innovation, 2019
N°35 : Le champ économique de la culture, 2019
N°36 : Economie sociale et solidaire ? Modèles d'innovation et modes de gouvernance, 2019
N°37 : Rethinking Luxury Business, 2020
N°38 : La santé connectée. Nouvelles technologies et réorganisation des soins, 2020
N°39 : Options stratégiques et systèmes complexes d'innovation, 2020
N°40 : Les services : intégration des systèmes productifs et lien social, 2021
N°41 : Crise pandémique, crise globale. Réalité et controverses théoriques, 2021
N°42 : La crise de la covid-19. Le marché et les organisations en perspective, 2021
N°43 : (Re)faire système. *Bug & reset*, 2022
N°44 : Aléas du marché et management du risque, 2022
N°45 : Le renouveau du transport et de la logistique : les systèmes d'information, 2022
N°46 : Entrepreneuriat et innovation dans l'enseignement supérieur, 2023
N°47 : Le tourisme créatif. Culture, créativité, patrimoine, management, 2023
N°48 : L'Afrique : questions de performances, 2023
N°49 : *Fintech* en sciences du management, 2024

https://www.cairn.info/revue-marche-et-organisations.htm

Collection « L'esprit économique »
fondée par Sophie Boutillier et Dimitri Uzunidis en 1996

Dernières parutions

► ***Série Economie et Innovation***
J.-P. SCHMITT, N. RAVIDAT, *Management conjoint de la technologie et de la personne. Pour performer et croitre*, 2020.
Y. EL YAHYAOUI, *Economie des plateformes numériques. Captation de la valeur, pouvoir de marché et communs collaboratifs*, 2021.
G. DUTHIL, *Handicap et insertion professionnelle*, 2022.
T. MICHAUD, *La science-fiction institutionnelle*, 2023.
M. TOMAS, *Gouvernance territoriale et développement économique au Maroc : l'opportunité d'une étude économétrique*, 2025.
► ***Série Le Monde en Question***
G. BAYOH, *Ecosystème des transferts internationaux d'argent et développement durable : Contraintes et solutions*, 2024.
S. BENBACHIR, *Performances bancaires des pays du Moyen-Orient et de l'Afrique du nord. Modélisation de l'efficience et de la productivité des banques*, 2024.
O. MUMBERE MUHONGYA, *Efficacité de l'aide publique au développement. Question de la qualité des données*, 2024.
M. CAMARA, *Être ministre de l'Économie et des Finances de la République de Guinée*, 2024.
R. A. OBAM NLONG, *Du franc CFA à l'Afrix : la nécessaire refonte du Fonds Monétaire Africain*, 2024.
A. N. BASAHAG, *La réforme budgétaire dans les États de la Communauté économique et monétaire d'Afrique centrale (CEMAC)*, 2025.
A. OUCHEN, *Analyse des crises financières de grande ampleur : étude économétrique de contagion*, 2025.
O. S. AWAL, *Dette publique et développement au Cameroun : outils, stratégies et souveraineté économique*, 2025.
► ***Série Krisis***
M. WIELEZYNSKI, *La loi du marché post-esclavagiste. Une approche critique*, 2023.
G. MINART, *Condorcet économiste : un libéralisme économique au service du bien public*, 2023.
A. MANRAY, *Petit traité de gouvernance à l'usage des despotes éclairés*, 2024.
B. LANDAIS, *Théorie générale de la croissance économique et du développement*, 2024.
V. SOYER, *Critique de la théorie contemporaine de la valeur*, 2024.
► ***Série Clichés***
S. BOUTILLIER, D. UZUNIDIS (dir.), *La Russie européenne. Du passé composé au futur antérieur*, 2008.
R. VOLPI, *La négociation. Pain, paix, liberté*, 2009.
B. S. BONBON, *Géométrie parabolique tridimensionnelle ou perspective parabolique*, 2023.
S. BOUTILLIER, B. LAPERCHE, S. T. K. LE, *Ports industriels en transition : De l'économie circulaire à la décarbonation*, 2024.
► ***Série Cours Principaux***
Z. FIRANO, *Fondements de la finance de marché. Théories et applications*, 2022.
Y. KEHO, *Introduction à l'économétrie appliquée sous EVIEWS, Rappels de cours et illustrations pratiques*, 2023.
K. AMZILE, *Intelligence artificielle et modélisation du risque de crédit*, 2023.
B. LANDAIS, *Macroéconomie. Les fondamentaux*, 2024.
A. KATFI, O. EL MNOUER (dir.), *Mathématiques financières. Cours d'initiation et exercices corrigés*, 2024.
J. NGONGO NGOY, *Manuel d'analyse financière*, 2024.
► ***Série L'économie formelle***
J.-P. ROSELLO, *Marchés financiers, capital financier et crises systémiques*, 2024.
J.-L. VILLOUTREIX, *L'eau coule à Aguad : un conte économique*, 2024.
B. MEUNIER, *L'insoutenable dette publique de la France*, 2024.
J. LATREILLE, *Le PIB, ou la mesure de notre démesure*, 2024.
C. MEIDINGER, *Controverses macroéconomiques contemporaines*, 2024.
J.-M. RUFFIE, *La loi de l'offre et du besoin : décrocher de la demande*, 2025.

Structures éditoriales du groupe L'Harmattan

L'Harmattan Italie
Via degli Artisti, 15
10124 Torino
harmattan.italia@gmail.com

L'Harmattan Hongrie
Kossuth l. u. 14-16.
1053 Budapest
harmattan@harmattan.hu

L'Harmattan Sénégal
10 VDN SICAP AMITIE 3
BP 45034 Dakar-Fann
direction@senharmattan.com

L'Harmattan Cameroun
Tsinga/Derrière polyclinique FECAFOOT
BP 11486 Yaoundé
Jacques.koukam@harmattan.fr

L'Harmattan Burkina Faso
Villa 281, secteur 23 623, rue 14.32
Ouagadougou
zagbie@outlook.fr

L'Harmattan Guinée
Almamya, rue KA 028 OKB Agency
BP 3470 Conakry
harmattanguinee@yahoo.fr

L'Harmattan RDC
185, avenue Nyangwe
Commune de Lingwala – Kinshasa
matangilamusadila@yahoo.fr

L'Harmattan Congo
219, avenue Nelson Mandela
BP 2874 Brazzaville
deunovmikhael@gmail.com

L'Harmattan Mali
Immeuble Mgr Jean Marie Cissé
Aci Hamadallaye
BP 145 Bamako
syllaka@yahoo.fr

L'Harmattan Togo
Djidjole – Maison Amela
face EPP BATOME
02 BP 20680 Lomé
didieramela11@gmail.com

L'Harmattan Côte d'Ivoire
Résidence Karl – Cité des Arts
Abidjan-Cocody
03 BP 1588 Abidjan
harmattan.ivoire@gmail.com

L'Harmattan Bénin
Rue 604, (Immeuble à l'entrée
de la rue UCAO- Cite de Saint-Jean)
Cotonou
stepcorpus@gmail.com

Nos librairies en France

Librairie internationale
16, rue des Écoles
75005 Paris
librairie.internationale@harmattan.fr
01 40 46 79 11
www.librairieharmattan.com

Librairie des savoirs
21, rue des Écoles
75005 Paris
librairie.sh@harmattan.fr
01 46 34 13 71
www.librairieharmattansh.com

www.ingramcontent.com/pod-product-compliance
Lightning Source LLC
LaVergne TN
LVHW011013061026
849535LV00006B/1859